셰익스피어,
대학로에서 연극을 보다

탐 철학 소설 26

셰익스피어, 대학로에서 연극을 보다

초판 1쇄	2016년 5월 4일
초판 2쇄	2020년 8월 10일

지은이	권오숙

책임 편집	김하늘
마케팅	강백산, 강지연
디자인	땡스북스 스튜디오, 유민경
표지 일러스트	박근용

펴낸이	이재일
펴낸곳	토토북

주소 04034 서울시 마포구 양화로11길 18 3층 (서교동, 원오빌딩)
전화 02-332-6255 | 팩스 02-332-6286
홈페이지 www.totobook.com | 전자우편 totobooks@hanmail.net
출판등록 2002년 5월 30일 제10-2394호
ISBN 978-89-6496-306-7 44100
ISBN 978-89-6496-136-0 44100 (세트)

● 이 책의 사용 연령은 14세 이상입니다.
● 탐은 토토북의 청소년 출판 전문 브랜드입니다.

셰익스피어,
대학로에서 연극을 보다

권오숙
지음

26
탐
철학
소설

탐

차례

2016년 4월 23일은 셰익스피어 서거 400주년이었다. 셰익스피어! 그가 문학의 대명사가 된 것은 이미 오래전 이야기다. 심지어 1995년 유네스코가 전 세계 독서와 출판 사업을 장려하기 위해 제정한 '세계 책의 날'도 셰익스피어와 세르반테스의 서거일인 4월 23일이다. 그만큼 셰익스피어는 문학의 상징적 존재가 되었다. 이런 위대한 대문호의 서거 400주년을 기념하고자 전 세계가 들썩였다.

그런 설렘과 흥분은 오랫동안 셰익스피어를 연구하고 가르쳐 온 필자에게도 마찬가지다. 그래서 셰익스피어 서거 400주년을 기념할 만한 특별한 작업을 하고 싶었다. 셰익스피어를 연구하는 학자로서 필자의 삶은 그와 뗄 수 없는 것이 되어 버렸기에 무엇보다 필자가 추구한 것은 셰익스피어의 대중화였다.

우리나라 독자들에게 셰익스피어는 익히 알려진 친숙한 작가이기는 하지만, 막상 그의 작품을 제대로 읽어 본 독자는 많지 않은 실정이다. 어린 시절 4대 비극, 5대 희극으로 묶인 요약본을 읽고는 평생 다시 셰익스피어를 읽지 않는 경우가 많다. 하지만 다양한 인간 군상, 삶에 대한 통찰이 담긴 언어, 극적인 플롯 구성 등에 셰익스피어의 진짜 가치가 있다는 사실은 요약본을 읽어서는 절대 체험할 수 없다.

그래서 필자는 셰익스피어 작품을 온전하게 읽어야 할 필요성을 독자들에게 알려 주고자 대중서를 집필하기 시작했다. 셰익스피어를 알고 싶으나 어려워 선뜻 다가가기 힘들어하는 사람들을 위해 셰익스피어 입문서를 주로 집필해 왔다. 캠퍼스 밖에서 대중이 원하면 마다치 않고 달려가 셰익스피어 이야기를 들려 주었다. 하지만 그동안 일반 성인과 청년을 위한 책을 집필해 온 필자에게는 청소년을 위한 셰익스피어 입문서를 써야 한다는 과제가 남아 있었다. 그래서 이 책을 쓰기 시작했다.

막상 책을 쓰기 시작했지만, 청소년 독자의 눈높이에 맞게 셰익스피어를 설명하는 작업은 생각처럼 쉽지 않았다. 작품 속의 심오한 인생관이나 통찰력을 전달하기도 어려웠고, 간혹 셰익스피어 작품에서 만나게 되는 성인물 특유의 잔인한 장면이나 성적인 내용을 완화하기도 쉽지 않았다. 대사들을 많이 인용하여 청소년에게 그의 마법 같은 언어를 맛보게 하고 싶었으나 대사 한 구절 한 구절에 담긴 심오함이 발목을 잡기도 했다.

청소년에게 지루하지 않고 흥미롭게 셰익스피어의 작품 세계를 설명하는 데는 생각보다 많은 고뇌와 노력이 필요했다. 오랫동안 학술적인 글을 써 온 탓에 굳어진 딱딱한 논문투도 극복하기 쉽지 않았다. 청소년 독자의 흥미를 위해 소설의 틀을 사용했으나 상상력이 부족함을 많이 느꼈다. 이는 새삼 셰익스피어의 상상력이 얼마나 위대한지를 느끼는 계기가 되었다.

이런 어려움 속에서 셰익스피어의 시대와 사상적 배경, 당시의 극장 환경, 작품의 특징, 문체, 인물 묘사, 그가 제시한 다양한 인물상과 인간에 대한 깊이 있는 통찰, 세상사에 대한 재치 있는 풍자와 심오한 철학, 그의 작품이 우리 시대에도 공감을 주는 보편성 등 다양한 면을 담아내려고 노력했다. 아울러 셰익스피어 작품의 최대 강점인 아름다운 언어와 기가 막힌 경구들도 담아 보았다.

우여곡절 끝에 집필을 마무리한 지금, 서거 400주년을 기념할 만한 의미 있는 작업을 완수했다는 뿌듯함과 셰익스피어의 작품 38편에 담긴 수많은 삶의 지혜를 다 담아내지 못했다는 아쉬운 마음이 섞여 있다.

이 책이 청소년에게 셰익스피어를 다 알려 줄 수는 없겠지만, 아무쪼록 적어도 그에 관한 관심과 흥미를 불러일으킬 수 있기를 바랄 뿐이다. 그리하여 언젠가는 셰익스피어 작품을 만나고 그를 통해 인생의 지혜를 얻는 계기가 되기를 바란다. 햄릿의 고뇌, 로미오와 줄리엣의 아픈 사랑, 맥베스의 허망한 야망이 삶의 골짜기마다 밝은 등불을 비춰 올바른 선택과 혜안을 제공해 주기를 바란다.

마지막으로 좋은 기획을 통해 셰익스피어를 소개할 수 있는 기회를 준 토토북 출판사와 책 쓰는 동안 많은 의견과 조언을 나누어 준 담당 기획자 김하늘 님께 감사드린다. 그리고 책 읽기를 좋아하는 사랑하는 효중이와 이 글을 쓰는 순간에 탄생 소식이 들려 온 래아가 건강하고 아름답게 성장하기를 기원한다.

창밖을 하얗게 수놓은 흐드러진 목련을 바라보며
권오숙

연극 연출가 김민호 감독은 서른 중반을 훌쩍 넘어 마흔을 바라보는 늙다리 총각이다. 〈브레히트 서사극에 나타난 셰익스피어의 영향〉이란 논문으로 박사 학위를 받은 뒤 대학에서 강의를 하고 있다. 그리고 틈틈이 희곡을 번역하기도 한다.

　김 감독은 저명한 연출가이자 연극학계에서도 인정받는 학자이다. 특히 셰익스피어를 굉장히 흠모하여 그의 극을 무대에 많이 올렸다. 김 감독은 셰익스피어를 한국의 전통문화와 접목해 독특한 한국의 정서로 재해석하는 데 이미 정평이 나 있었다.

　이렇게 나름 제 분야에서 이름을 날리고 있지만, 워낙 연극계가 어려운 형편이라 김 감독의 생활은 늘 힘겨웠다. 사람들의 시선도 삐딱해서 겉멋이 잔뜩 든 배고픈 딴따라 정도로 바라보는 사람이 대다수였다.

　그렇다고 김 감독이 불행한가 하면 그건 아니다. 그는 희곡을 읽고 분석하고 무대에 올리는 예술가의 자긍심을 가지고 있기에, 가난

또한 예술가의 운명 정도로 여긴다. 남들처럼 커다란 집에서 좋은 차를 굴리고 멋진 레스토랑을 드나들지는 못하지만, 자신의 삶이 꽤 의미 있다고 자부심을 느끼며 산다. 그도 그럴 것이 올해도 그의 작품이 세계적인 공연 페스티벌에 공식 초청을 받았기 때문이다.

에든버러 국제 페스티벌! 연극인이라면 그 이름만 들어도 모두가 가슴이 설레는, 공연을 위한 축제가 아니던가? 올해로 70회를 맞이하는 세계 최대 공연예술 축제는 스코틀랜드 에든버러에서 개최된다. 동양의 한 나라에서 그것도 완전히 한국인의 정서로 각색한 극이 셰익스피어의 본고장에서 열리는 권위 있는 연극제에 초청을 받다니, 김 감독은 어깨에 힘이 잔뜩 들어갔다.

이번에 초청받은 작품은 셰익스피어의 〈한여름 밤의 꿈〉이다. 김 감독은 모든 등장인물에게 한복을 입히고 여자들은 길게 땋은 머리에 댕기를 매고, 남자들은 상투머리를 하게 했다. 아테네 숲의 요정들은 모두 도깨비로 바꾸었다. 이런 김 감독의 연출에 에든버러에 모인 관객들은 기립 박수를 칠 수 밖에 없었다. 수 세기 동안 셰익스피어를 무대에 올렸던 서양에서도 김 감독의 연출은 신선한 충격이었다. 여러 나라의 공연 관계자로부터 자기 나라에서도 공연을 할 수 있냐는 문의가 쏟아져 들어왔다. 김 감독은 마치 구름 위를 떠다니는 기분이었다.

페스티벌이 성황리에 끝난 뒤 단원들은 먼저 한국으로 돌아갔지만, 김 감독은 혼자 남아 셰익스피어의 발자취를 따라 여행을 다녔다. 우선 셰익스피어 생가 마을인 스트랫퍼드 어폰 에이번(Stratford-upon-Avon)을 방문했다. '에이번 강가의 스트랫퍼드'라는 뜻의 그 소도시에서 셰익스피어 생가와 부인인 앤 해서웨이[1]의 생가에 다녀오고, 한가로이 에이번 강가에 앉아 백조들이 노니는 모습을 바라보았다.

셰익스피어의 무덤이 있는 성 트리니티 교회를 방문하여 묘지 앞에서 잠시 그를 추모했다. 이 도시를 중심으로 활동하는 셰익스피어 전문 극단인 로열 셰익스피어 컴퍼니(Royal Shakespeare Company)의 극장에서 〈맥베스〉 공연을 보고, 무대 전체가 인간의 원초적 욕망을 생생히 뿜어내는 그 힘에 압도되기도 했다.

런던에 돌아와서는 셰익스피어 당대의 극장을 그대로 복원한 글로브 극장에서 거의 매일 밤 공연을 보았다. 그 시대 관객과 같은 기분을 느껴 보고 싶어, 서서 무대를 볼 수 있는 마당에서 극을 관람했다. 배우들의 턱밑에서 공연을 보자니 그들의 침이 얼굴에 튀기도 하고, 이마에 맺힌 땀방울도 볼 수 있었다. 흥분한 배우의 거친 숨소리까지 들으며 가슴이 벅차오르는 경험을 했다.

아쉬운 마음을 뒤로하고 한국행 비행기에 몸을 실은 김 감독은 피곤이 확 밀려왔다. 조금이라도 셰익스피어를 더 느끼기 위해 전날 밤 늦게까지 공연을 보고 새벽에 공항에 나온 탓이었다. 그에게 보름간의 영국과 스코틀랜드 여행은 평생 잊을 수 없는 소중한 추억으로 남을 것이다. 처음 에든버러 공항에 도착해서부터 어젯밤 글로브 극장에서 본 〈오셀로〉 공연까지 모든 것이 파노라마처럼 머릿속을 스치고 지나갔다.

'이야, 셰익스피어가 내 삶을 참 풍요롭게 만들어 주는구나. 정말 고마운 친구란 말이야. 덕분에 아주 즐거운 여행을 했네. 그나저나 여러 나라에서 공연 초대를 받았으니 이번에 공연한 〈한여름 밤의 꿈〉을 좀 더 완성도 있게 작업해야겠어. 우리 공연 문화의 수준을 그들에게 보여 줘야 할 게 아닌가? 허 참, 내가 어쩌다 이런 국위 선양을 하게 되었지?'

눈을 감고 이런저런 생각을 하는 김 감독의 얼굴에 미소가 번졌다. 10시간이 넘는 장거리 비행도 이런 기분으로는 뭐, 기꺼이 즐길 수 있을 것 같았다. 김 감독은 에든버러에 갈 때 긴장되어 제대로 먹지도 못했던 기내식을 열심히 먹었다. 그리고 시원한 탄산수까지 곁들여 기분을 한껏 내면서 편안한 마음으로 의자에 몸을 뉘었다.

[1] 셰익스피어는 1582년 18세라는 어린 나이에 자기보다 8살이나 많은 앤 해서웨이와 결혼했다. 그와 앤은 수산나, 쌍둥이 남매인 햄넷과 주디스 3남매를 두었다. 이 중 아들 햄넷은 1596년에 11살의 어린 나이로 병사했다. 이 아들의 죽음이 〈햄릿〉을 비롯한 일련의 비극에 영향을 미쳤다고 주장하는 비평가들이 있다.

셰익스피어가 인천공항에 나타났어요!

"저, 도대체 여기가 어디예요?"

인천공항에 도착한 김 감독을 붙들고 한 외국인이 물었다. 옷차림도 범상치 않고 마치 고전 연극 무대에서 막 뛰쳐나온 것 같은 이방인을 보며 김 감독이 대답했다.

"네? 여기 인천공항인데요?"

"인천공항이라고요? 어느 나라인데요?"

"한국이요, 대한민국. 근데 어디서 많이 뵌 분 같은데……."

이방인은 김 감독의 말을 도무지 못 알아듣겠다는 표정으로 되물었고, 대답하는 김 감독은 이방인을 보면 볼수록 낯이 익다는 생각이 들었다.

"제가요? 뭐, 우리나라에서는 좀 유명하긴 한데…… 저 셰익스피어라는 극작가거든요."

"뭐라고요? 당신이 셰익스피어라고요? 세상에, 말도 안 돼!"

김 감독은 이방인의 말에 기절초풍할 뻔했다.

"절 아세요?"

이방인은 김 감독보다 더 놀랐다.

"알다마다요. 어, 그리고 보니 책에서 본 초상화랑 똑같이 생기셨네요. 그래서 그렇게 낯이 익었던 거구나."

"내 초상화를 봤어요? 왜요? 어떻게요?"

이방인의 눈은 휘둥그레지고 목소리도 점점 커졌다.

"셰익스피어는 세계 최고의 작가라서 누구나 한 번쯤 그의 책을 읽잖아요. 모든 문인이 존경하는 대문호이기도 하고요. 게다가 전 연출가거든요. 지금도 에든버러에서 셰익스피어 연극을 공연하고 돌아오는 길입니다."

"문인들이 날 존경한다고요? 그럴 리가요. 뭐, 우리나라에서는 인기가 좀 있긴 하지만…… 세상에 길이 남을 명작을 남기겠다고 글을 쓴 것도 아니고…… 그저 연극을 보러 온 청중을 즐겁게 해주기 위해 재밌는 연극 대본을 쓴 대중 작가일 뿐인데 대문호라니요? 그건 천만의 말씀입니다."

이방인은 도무지 믿어지지 않는다는 표정으로 말했다.

"그렇다면 당신이 정말 그 셰익스피어 선생님이세요? 엘리자베스 여왕 시대의?"

김 감독의 질문에 이방인은 반갑다는 듯이 대답했다.

"맞아요! 그걸 어떻게 아세요? 근데…… 아쉽게도 여왕님은 그러니까 1603년에 서거하셨어요. 지금은 제임스 왕이 우리 군주입니다."

김 감독은 자기가 가장 존경하는 극작가를 만난 것이 반갑기는 했지만, 도무지 이 상황이 믿어지지가 않았다.

"그럼 정말 당신이 그 유명한 4대 비극 〈햄릿〉, 〈리어 왕〉, 〈오셀로〉, 〈맥베스〉를 쓴 그분이란 말이에요?"

"이럴 수가! 도대체 어떻게 내 희곡들 이름을 줄줄 외우고 있어요?"

"가만, 가만, 정말 믿어지지가 않네. 그러니까 당신이 정말 400년 전에 〈로미오와 줄리엣〉, 〈한여름 밤의 꿈〉, 〈베니스의 상인〉, 아, 또 뭐가 있더라? 아무튼 이런 희곡을 쓴 사람이란 말이에요?"

"400년 전이라고요? 지금이 몇 년도인데요?"

"올해가 2015년이거든요."

"2015년? 아니, 이게 어떻게 된 거야? 난 1615년 8월 25일에 영국 도버 항에서 프랑스 칼레로 가는 배를 타고 여행 중이었는데…… 내가 어떻게 400년 뒤의 이 낯선 나라로 오게 된 거지?"

너무나 놀란 셰익스피어는 주위를 둘러보더니 자신의 머리를 감싸 쥐기도 하고 한숨을 쉬기도 했다. 한참을 같은 자리를 맴돌다 이내 정신을 차린 듯 김 감독을 바라보며 물었다.

"그런데 선생님은 어떻게 내 극들을 그렇게 많이 알고 계세요?"

"아, 저는 연극 감독이거든요. 선생님 극은 제가 제일 좋아하는 레퍼토리예요."

"아, 그러세요? 이거 정말 반갑네요. 제가 이 나라에서도 인기가 있나요?"

"그럼요! 선생님 작품은 아직도 전 세계에서 공연되고 있고, 꼭 읽어야 할 고전 목록에 빠지지 않고 들어갑니다."

"정말 영광이네요. 내 예언이 딱 적중했어요. 〈줄리어스 시저〉에서 캐시우스란 인물의 대사에 '얼마나 오랜 시간이 흐른 뒤 우리의 이런 고결한 장면들이 아직 태어나지도 않은 나라들에서, 아직 알려지지도 않은 언어로 공연될 것인가?'(3막 1장 111~113행)라고 썼거든요."

"그뿐 아닙니다. 선생님 극들은 세계 곳곳에서 영화, 뮤지컬, 오페라, 발레, 심지어 애니메이션 등으로 쉴 새 없이 재현되고 있어요."

"정말이에요? 감격스럽네요."

"선생님의 동료 극작가였던 벤 존슨 씨가 정확히 표현했던 거죠. 그분이 선생님을 '당대뿐 아니라 아주 긴 세대에 걸쳐 통용되는 작가'라고 했거든요."

"아니, 벤이 나에 대해 그런 말을 했어요?"

"네, 선생님의 극을 모은 전집이 선생님이 돌아가시고 7년 뒤인 1623년에 출간됐거든요. 그 전집의 서문에 존슨 씨가 그렇게 썼어요."

"그 친구 참 고맙구면."

"하하하. 최근에는 샤이니라는 한국의 인기 아이돌 그룹이 선생님의 〈로미오와 줄리엣〉에서 따온 〈줄리엣〉이란 노래도 불렀는걸요. 노랫말도 선생님의 문장을 일부 빌려다 썼고, 뮤직비디오도 캐풀렛가에서 열린 것 같은 가면무도회 장면을 담고 있어요."

"저도 그 노래를 꼭 들어 보고 싶네요."

"그나저나 셰익스피어 선생님, 이왕 이렇게 한국에 오셨으니 제가 연출하는 공연 〈한여름 밤의 꿈〉을 보고 돌아가시지요."

"아, 정말 보고 싶네요. 그런데 너무 낯선 나라에 있으려니 어떻게 해야 할지……."

"그건 걱정하지 마세요. 제가 선생님을 모시겠습니다. 같이 제가 사는 서울 집으로 가시죠."

김 감독은 셰익스피어를 챙기며 서울로 가는 공항버스를 탔다.

"선생님, 오늘은 피곤하실 테니 푹 쉬시고, 내일 대학로를 구경시켜 드릴게요."

"대학로요?"

"네, 거기는 수많은 극장이 모여 있는 서울 공연 문화의 중심지거든요."

"아니, 서울에 극장이 그렇게 많아요?"

"런던에 비하면 아무것도 아니죠. 런던에는 선생님 작품만 공연하는 글로브 극장을 비롯하여 극장들이 얼마나 많습니까?"

"런던에 아직도 글로브 극장이 남아 있나요?"

"그럼요, 전 이번 여행에도 글로브 극장에서 선생님 작품을 여러 편 보고 왔는데요. 아, 물론 선생님이 공연하던 그 극장은 아니고요. 왜 1613년에 소실됐다가 1614년에 재건한 극장 있잖습니까? 그걸 청교도[2]들이 1644년에 헐어 버렸거든요. 지금 있는 글로브 극장은 1997년에 옛 극장 터에 원형 그대로 복원한 거예요."

"결국 청교도들이 극장을 헐었군요. 그렇게 극장을 싫어하더니만……."

"청교도들은 왜 그렇게 연극 공연을 싫어했나요?"

"그들이 어떤 사람들입니까? 도덕군자들 아닙니까? 금욕, 성실, 검소, 근면을 생활신조로 삼고 실천하는 그들에게는 극장에서 연극을 보며 시시덕거리는 사람들은 모두 게으름뱅이요, 타락한 자들로 보였던 겁니다."

"아 맞아요. 제가 〈셰익스피어 인 러브〉란 영화를 봤더니 청교도 사제가 극장 앞에서 뭐라고 소리를 크게 지르고 있던데요?"

"바로 그거예요. 그 사람들은 매일 극장 앞에서 '극장은 쾌락을 추구하는 자들이 모여 퇴폐와 풍기 문란을 조장하는 공간이요, 부도덕을 조장하고 수습공들을 생업에서 태만하게 만드는 악의 소굴'이라고 부르짖었어요."

"당시에는 직공들도 연극을 보러 다녔나 보죠?"

"우리 극장에는 지위가 높은 귀족부터 각종 장인, 가난하고 무식한 관중까지 여러 계층의 사람들이 모였습니다. 우리 시대는 유흥거리가 많지 않았거든요. 그래서 연극은 아주 인기 있는 유흥이었어요."

"좋으셨겠네요. 요즘은 사람들이 연극보다 영화나 TV 드라마를 많이 보거든요. 게다가 스마트폰이라는 것까지 생겨나서……."

"내가 사는 곳에서 연극의 인기는 정말 대단했어요. 런던 근교에 사는 사람 중 5분의 1 정도나 되는 이들이 정기적으로 연극을 보러 다녔으니 그 인기가 어느 정도였는지 추측이 되죠?"

"와, 정말 대단했군요. 정말 부럽습니다. 선생님, 그런데 저도 연출가지만 그렇게 다양한 관객이 한자리에 모이면 연극의 수준을 맞추기가 어렵지 않나요?"

"그래서 내 극에는 학식 있는 사람을 위한 고상하고 수준 높은 내용도 있지만, 배움이 적은 사람도 웃고 즐길 수 있는 내용도 들어 있어요. 다양한 계층의 입맛을 골고루 맞춘 것이 내가 인기를 누리는 이유일지도 모릅니다."

"그렇군요. 어쩐지 선생님 극을 읽다 보면 너무나 철학적이고 진지한데 어떤 부분은 우스꽝스럽거나 다소 저속하고, 또 웃기는 말놀이도 많이 들어 있더라고요. 그게 다 다양한 관객의 취향과 수준을 생각해서였군요."

"연극이 그렇게 인기가 많았지만 시 당국은 연극을 곱게 보지 않았어요."

"왜요?"

"극장에 걸인이나 불량배가 꼬여서 치안이 취약해지고 무질서가 난무했거든요. 또 직공들을 유혹하여 생산에 차질을 빚기도 하고요. 그래서 런던 시 당국은 극장을 시내에 건립하는 것을 허락하지 않았어요. 이 때문에 극장들이 템스 강 이남의 외곽에 세워진 거예요. 위생적으로도 페스트와 같은 전염병을 확산시킬 위험이 컸고요."

"페스트라면 혹시 흑사병 아닌가요? 쥐가 옮긴다는……. 그런 전염병이 돌면 사람들이 많이 모이는 극장은 정말 타격이 컸겠네요?"

"그럼요. 전염병이 돌 때면 아예 극장을 폐쇄했어요. 실제로 1592년부터 3년 동안 런던에 페스트가 창궐했을 때 극장이 완전히 폐쇄됐죠."

"그럼 선생님도 그동안 집필 활동을 쉬셨나요?"

"아니요, 그때 시를 좀 썼지요."

"아, 그 유명한 사랑의 시, 소네트[3]를 그때 쓰신 거예요?"

"소네트는 내가 극작 활동을 하는 동안 틈틈이 쓴 거고요. 극장이 폐쇄되었을 때는 《비너스와 아도니스》, 《루크리스의 겁탈》이란 장편 시를 써서 나의 젊은 귀족 후원자인 사우샘프턴 백작에게 바쳤죠."

"당시에는 귀족이 예술가를 많이 후원해 줬군요. 요즘은 기업이 그런 후원을 하지만 그다지 후한 편은 아니에요."

"당시 귀족들은 정말 예술을 사랑했어요. 그래서 예술을 후원하는 것에 대단한 자부심을 느꼈죠."

"그런데 당시 배우들은 어떤 대접을 받았나요? 우린 연극하는 사람을 '딴따라'라고 부르면서 좀처럼 대접을 안 해 주거든요."

"지금도 배우들이 그렇게 서운한 대접을 받고 있나요? 우리 시대도 좀 그런 편인 데다 배우들의 신분이 아주 불안정합니다. 배우는 부랑아로 분류되는데, 부랑아는 시가 운영하는 집단 수용소에 수용해 버립니다."

"그 정도였어요?"

"네, 그래서 배우들은 귀족들의 후원을 받아 그들의 하인으로 신분을 보장받아야만 자유로이 공연하러 다닐 수 있었어요. 엘리자베스 여왕님 때는 우리 극단이 궁내부 대신(시종장)이었던 헨리 케어리의 후원을 받아 '궁내부 대신 극단'이 되었습니다."

"아, 그래서 극단 이름이 챔벌레인즈 맨(The Lord Chamberlain's Men)이었군요."

"그러다 제임스 1세[4]가 왕위에 오르신 뒤에 그분이 우리 극단의 후원자가 되어 '국왕 극단(king's men)'으로 이름이 바뀌었죠."

"와, 왕이 후원자였다니 정말 대단한 극단이었나 보네요."

"그래서 궁전에서도 공연을 자주 하게 되었어요. 아까 말씀하신

〈맥베스〉도 궁전에서 공연하기 위해 쓴 극이에요."

"그럼 제임스 왕 앞에서 공연하신 건가요?"

"네, 그러다 보니 아무래도 작품의 소재나 주제도 제약이 많았어요. 왕이 좋아할 만한 내용을 넣을 수밖에 없었고요."

"그러고 보니 〈맥베스〉가 제임스 1세의 조상인 뱅쿠오와 관련된 역사를 다루고 있다고 쓴 글을 읽은 기억이 나네요."

"맞아요. 그리고 왜 〈맥베스〉에 마녀가 나오지 않습니까? 그게 제임스 왕이 마법, 마녀, 마법사 이런 데 아주 관심이 많아서 넣은 겁니다. 우리나라 왕이 되기 전 스코틀랜드 왕이었을 때 직접 〈악마 연구〉라는 글을 쓸 정도로 관심이 많으셨거든요."

"그럼 그때도 연극 내용에 대한 검열이 있었나요?"

"검열이 아주 심했지요. 모든 공연작은 공연 전에 연희 담당관의 검열을 받아야 했어요. 본래 궁에서 공연하는 극만 검열했는데, 갈수록 강화되어 여왕님이 모든 극을 검열하라고 명령하셨어요."

"그렇게 검열이 심했으면 권력자들 맘에 드는 글밖에 쓸 수 없었겠네요?"

"그런 편이죠. 그런 공연 환경 때문에 겉으로는 안 그런 척하면서 미치광이, 광대, 바보 같은 등장인물의 입을 빌려 사회를 꼬집거나, 비유적이고 우회적인 방식으로만 사회를 풍자할 수 있었어요."

"선생님 말씀을 들으니 연극 환경은 그때나 지금이나 크게 다르지 않은 것 같네요."

셰익스피어와 김 감독이 연극에 관해 이런저런 얘기를 나누는 사이 공항버스는 한강 변을 지나고 있었다. 한강을 본 셰익스피어는 큰소리로 외쳤다.

"여기도 저렇게 큰 강이 도심을 흐르고 있네요. 런던의 템스 강처럼."

"저 강은 한강이라고 하고요. 강을 중심으로 북쪽을 강북, 남쪽을 강남이라고 합니다."

"템스 강과 같네요. 템스 강을 중심으로 남쪽은 런던 치안 판사들의 관할 구역 밖이라 우범 지대였지요. 극장이나 유곽, 곰 놀리기 경기장 같은 유흥지가 모여 있었거든요."

"그런데, 곰 놀리기가 뭐예요?"

"좀 잔인한 스포츠인데, 곰을 말뚝에 매어 놓고 개들을 풀어 싸우게 하는 경기예요. 사람들은 돈을 걸고 승부 점치기를 하죠. 왜 내 작품에 보면 '말뚝에 매인 곰 신세'라는 비유가 자주 나오죠."

"아, 우리나라에도 그런 거 있어요. 투계니 투견이니. 사람들의 잔혹한 면을 드러내는 문화가 그때도 있었군요."

"네. 근데 강변 풍경이 참 아름답네요."

셰익스피어는 한강을 바라보며 감탄했다.

"우리 한강도 정말 아름답지만, 템스 강도 환상적이던데요."

"웬걸요. 내가 사는 런던은 아름다움과 추함, 웅장함과 지저분함, 고상한 격식과 폭력, 이런 상반된 모습을 모두 지닌 역설적인 도시에요. 화려하고 웅장한 성과 저택, 멋진 의상으로 치장한 여왕님의 화려한 행렬이 있는가 하면, 쥐들로 인해 페스트가 발생하곤 했죠."

"정말 선생님 말씀대로 좀 역설적이긴 하네요."

"무엇보다 템스 강이 모순을 가장 잘 보여 주는 장소였어요. 아름다운 유람선이 떠 있는 낭만적인 강 위에 교수형 당한 사람의 시체가 둥둥 떠다녔죠. 또 다리에는 참수당한 사람들의 머리가 걸려 있기도 했고요."

"어휴, 그땐 좀 무시무시했네요. 절대 왕정 시대라 그랬나?"

"그럼 여기는 왕이 다스리는 나라가 아닌가요?"

"네, 지금은 시대가 많이 바뀌어 왕이 통치하지 않고 국민이 선출한 대통령이 나라 행정을 책임져요."

"그렇군요. 그럼 좀 어수선하지 않나요? 매번 새로운 사람이 대통령인가 뭔가가 되면? 서로 권력을 잡으려고 싸움도 일어나고……."

"아니요, 모든 국민이 투표로 선출하는 거라 싸워 봐야 소용없거든요."

"우린 튜더 왕조가 강력한 중앙집권을 하기 전까지 30년 동안이나 왕권을 놓고 내란이 벌어졌어요. 그래서 나라가 너무 어수선하고 혼란스러워 오히려 강력한 군주를 원했어요."

"아, 장미 전쟁[5] 말씀이군요? 선생님도 장미 전쟁을 소재로 한 작품을 많이 쓰셨잖아요?"

"〈헨리 6세〉 1, 2, 3부와 〈리처드 3세〉에서 장미 전쟁 이야기를 다뤘죠. 아니 감독님은 내 작품을 다 읽어 보신 거예요?"

"그럼요. 적어도 한 번씩은 다 읽어 봤고, 4대 비극은 아마 수십 번 읽어 봤을걸요?"

"완전 감동이에요. 이렇게 열성 팬을 만나다니."

"선생님 극에는 우리네 인생과 내 모습을 돌아보게 하는 묘한 힘이 있어요. 분명 우리 시대와 동떨어진 왕, 왕자, 귀족과 장군의 이야기인데, 그들에게서 내 모습이 보이거든요. 그게 신기한 거예요."

"사람 사는 모습은 내가 사는 시대나 지금이나 별 차이 없나 보군요."

"정말 그래요. 선생님 작품이 우리 시대 독자나 관객에게도 호소력이 있는 걸 보면 말이에요. 그걸 비평가들은 좀 멋진 말로 '시공을 초월한 보편성'이라고 표현하더라고요."

"하긴 나도 많은 이야기를 고대 그리스 로마 신화나 영국 또는 로마의 역사에서 빌려 왔는데 우리 시대에도 그게 먹히더라고요."

"아, 맞아요. 선생님 이야기들은 직접 창작한 게 아니라 여러 원전에서 빌려 온 것이라고 들었어요."

"이야기를 만들어 낼 시간이 있어야지요. 상설 극장이 세워지자 순회 공연할 때와는 달리 레퍼토리에 대한 요구가 끝이 없었어요."

"정말 그랬겠네요. 순회 극단은 여러 장소에서 공연하니까 한정된 레퍼토리로 그럭저럭 해 나갈 수 있잖아요. 하지만 상설 극장에서는 관객을 계속 끌어들이기 위해 언제나 새로운 극작품이 필요하죠."

"아까도 말했지만 내가 사는 시대에 연극은 대단히 인기가 있었어요. 그러니 극장들은 쉴 새 없이 새로운 공연을 무대에 올려야 했어요. 한 작품의 평균 공연 횟수가 10회가 넘지 않았던 것 같아요. 만일 어떤 극단의 작품이 성공하면, 우리에게도 비슷한 주제의 새로운 작품을 가능한 한 빨리 만들어 보라고 주문이 들어왔죠."

"그런 상황에서 새로운 이야기를 창작할 여유조차 없었겠네요?"

"말도 마세요. 심지어 다른 극장에서 성공한 작품과 비슷한 주제로 몇 가지 새로운 내용을 덧붙여 개작하는 일도 있었어요."

"정말이요? 선생님도 그런 작품을 쓰신 적이 있어요?"

"그럼요. 내가 쓴 〈햄릿〉도 먼저 공연된 〈원(原) 햄릿〉이 있었고요. 〈좋으실 대로〉라는 희극은 토머스 로지가 쓴 〈로잘린드〉라는 극을 각색한 거예요."

"그래요? 하긴 당시에는 표절이 그렇게 심각한 문제는 아니었으니까요. 저도 창작극이 아니라 선생님이 쓰신 극들을 새롭게 각색해서 공연하기도 하거든요."

"또 어떨 때는 신속하게 레퍼토리를 제공하기 위해 2~3명이 같이 쓴 적도 있어요."

"그건 요즘도 마찬가지예요. 특히 TV 드라마는 2~3명이 같이 쓰는 경우가 있어요."

"아무튼, 난 극장에 레퍼토리를 빨리 제공하기 위해 신화, 성경, 역사책, 민담이나 전설 등에서 유명한 영웅이나 군주들의 이야기를 많이 빌려 왔어요."

"그중에서도 특히 도움을 받은 작품이 있나요?"

"오비디우스라는 로마 시인의 〈변신 이야기〉에서 참 많은 이야기를 빌려 왔죠. 그리고 영국 역사극은 주로 라파엘 홀린셰드가 쓴《영국, 스코틀랜드, 아일랜드의 연대기》에서 줄거리를 빌려 왔고요. 로마 비극은 플루타르코스가 쓴 〈고결한 그리스인들과 로마인들의 생애〉에서 주로 빌려 왔어요."

"아,《플루타르코스 영웅전》이라는 책 말씀이죠? 그 책은 우리나라에서도 유명해요. 하지만 선생님은 이야기의 뼈대만 빌려 온 거 아닌가요? 아름다운 대사, 생생한 인물 묘사, 극적인 구성 등은 모두 선생님의 것이잖아요?"

"그럼요. 난 원전을 그대로 사용하는 경우가 거의 없어요. 빌려 온 이야기들을 자유롭게 압축하고, 혼합하고, 재배치해서 새로운 작품으로 만들어 내죠. 심지어 역사극에서는 극적 효과를 위해서라면 역사도 맘대로 바꾸었으니까요."

　"그건 저도 마찬가지예요. 근데 어떤 사람들은 역사극이나 TV 사극을 보면서 역사를 잘못 다뤘다거나 고증이 잘못됐다면서 불평을 해요."

　"그 사람들은 우리가 역사학자가 아니라 예술가라는 사실을 잊은 거죠."

　"그러게 말이에요. 그럴 거면 드라마가 아니라 다큐멘터리나 역사 채널을 봐야죠. 안 그런가요, 선생님?"

　"드라마나 다큐멘터리가 뭔지는 모르겠지만, 연극을 보느니 차라리 책을 읽는 편이 낫죠."

　"하하하, 역시 선생님을 만나니 얘기가 좀 통하네요."

　"그런가요? 하하하."

셰익스피어와 김 감독이 연극에 대해 쉴 새 없이 이야기를 나누는 사이 어느덧 공항버스는 김 감독의 집 근처에 도착했다. 김 감독의 집은 넓고 화려하지는 않았지만, 노총각이 사는 집이라고 하기에는 아늑하고 편안했다.

[2] 16세기 후반에 영국 국교회를 철저하게 개혁하려고 한 성공회 안의 일파와 그 흐름에 동조한 개신교파를 통틀어 이르는 말이다. 이들은 모든 쾌락을 죄악시하고, 사치와 성직자의 권위를 배격하였으며, 철저한 금욕주의를 주장하였다.

[3] 서양 시의 한 형식으로 작은 노래라는 뜻이며, 14행으로 이루어진 짧은 시다. 일정한 각운 규칙으로 음악성을 창출하며 주로 남녀 간의 사랑이 주제다. 원래 이탈리아에서 시작된 것이나 이 형식이 영국에 소개되어 셰익스피어가 소네트의 대가가 되었다. 셰익스피어는 총 154편의 소네트를 남겼다.

[4] 처녀 왕인 엘리자베스 1세가 후손 없이 사망하여 튜더 왕조는 대가 끊겼다. 그리고 가장 가까운 왕족은 스코틀랜드 메리 여왕의 아들로 이미 스코틀랜드의 왕, 제임스 6세로 등극한 사람이었다. 그래서 그가 영국의 왕 제임스 1세로 다시 등극하여 영국과 스코틀랜드를 함께 지배하였다. 제임스 1세부터 스튜어트 왕조가 시작되었다.

[5] 두 왕가 요크 가와 랭커스터 가 사이에 벌어진 이 왕권 쟁탈 전쟁은 30년 동안 계속되었다. 요크 가의 상징물이 하얀 장미, 랭커스터가의 상징물이 빨강 장미여서 장미 전쟁이라고 불린다.

이까짓 게
막장 드라마라고요?

김 감독은 냉장고에 있던 불고기를 정성껏 볶아 저녁 식사를 준비했다. 난생 처음 먹어 보는 음식들로 차려진 밥상이 낯설기는 했지만, 허기진 셰익스피어는 허겁지겁 맛있게 식사를 했다. 김 감독이 샤워하러 들어가면서 신기한 듯이 이곳저곳을 둘러보는 셰익스피어를 위해 TV를 켰다.

"아니, 저게 뭐예요? 사람들이 어떻게 저 상자에 들어가 있어요?"

셰익스피어는 소스라치게 놀랐다.

"아! 참, 선생님은 TV를 모르시죠. 사람들이 상자에 들어가 있는 게 아니에요. 카메라라는 것으로 찍어서 물체의 영상을 전기 신호로 바꾸어 각 가정에 보내 주는 장비입니다."

"네? 카메라는 또 뭔가요?"

"네? 아, 이런…… 저도 잘 설명을 못 하겠네요. 음, 가만있자 그러니까, 그냥 쉽게 말씀드리면 왜 선생님의 극본을 배우들이 연기하잖아요? 그럼 그걸 찍어 두는 거예요. 그랬다가 전기 기술을 이용하여 각 가정에서 동시에 보여 주는 거지요."

김 감독은 셰익스피어에게 현대 과학 문명을 설명하는 데 한계를 느꼈다.

"거참. 무슨 말인지 모르겠지만 신기하네요. 예를 들면 연극을 극장에서 보지 않고 집에서 본단 말이잖아요? 그것도 여러 집에서 한꺼번에?"

"바로 그거예요. 선생님이 돌아가신 뒤로 과학 기술이 많이 발전했거든요."

"거참, 놀랍네요. 그 기술이라는 것이……."

한계를 느낀 건 셰익스피어도 마찬가지였다. 그저 너무 놀라워 감탄사만 나올 뿐이었다.

"아무튼 선생님, 제가 샤워하는 동안 심심하실 테니 드라마나 좀 보고 계세요."

"걱정하지 말고 어서 씻으세요."

TV에서는 마침 일일 연속극을 하고 있었다. 앞의 내용을 몰라 흐름은 잘 파악되지 않았지만, 젊은 여자와 나이 든 여자가 마구 소리를 지르고 따귀를 때리는 등 격렬하게 싸우고 있었다. 배우들의 폭언과 폭행을 셰익스피어는 흥미진진하게 보고 있었다. 조금 있으니 웬 남자가 건달로 보이는 한 무리의 남자들과 싸우는 장면이 나왔는데, 조금 지나니 결국 그 남자는 벽에 부딪혀 죽어 버렸다.

셰익스피어는 점점 더 흥미를 느꼈다. 먼저 나왔던 젊은 여자가 죽은 남자를 보고 남편이라고 부르며 우는 것으로 보아 부부 사이라고 생각했다. 이렇게 정신없이 드라마에 빠져 있는 사이 김 감독이 샤워를 마치고 나왔다.

"선생님, 재미있으세요?"

"아, 이거 정말 재미있네요. 배우들이 연기를 아주 실감 나게 하는데요?"

"배우들 연기는 괜찮은 편인데 스토리가 영 막장입니다."

나름 고전극을 연출한다는 자부심을 지닌 김 감독은 TV 드라마의 대중성을 무시하는 경향이 있었다.

"그래요? 어떤 얘긴데요?"

"이 드라마는 일종의 복수극이에요."

"복수극이요? 좋네요. 나도 복수극 많이 썼는데요. 〈햄릿〉도 복수극이잖아요."

"아, 그러고 보니 〈햄릿〉도 복수극이긴 하네요."

김 감독은 그동안 "사느냐 죽느냐 그것이 문제로다"(〈햄릿〉 3막 1장 56행)라는 대사로 유명한 〈햄릿〉이 아버지를 죽이고 왕권을 차지한 숙부에게 조카가 복수하는 극이라는 사실을 제대로 생각하지 못하고 지내왔다. 이제야 〈햄릿〉이 복수극이지만 단순한 복수극의 차원을 넘어 인간의 근원적 질문을 탐구하고 있는 작품이라는 사실을 깨달았다.

〈햄릿〉 끝부분에서 우리가 흔히 영웅이라 부르는 줄리어스 시저도, 알렉산더 대왕도 결국 죽어서는 한낱 술통 마개나 바람벽의 틈을 막는 흙이 되지 않았겠냐는 〈햄릿〉의 통찰은 얼마나 심오하고 철학적인가. 순결한 영혼을 가진 햄릿이란 인물은 또 얼마나 섬세한가. 형을 살해한 동생, 그 동생과 형수의 근친상간 등 이상한 일들이 벌어지는 세상에서 섬세한 감수성을 지닌 햄릿은 한없이 우울하고 비관적일 수밖에 없다.

세상 모든 일에 의미를 상실한 햄릿은 숙부에 대한 복수를 늦추며 끝없는 사색에 빠져든다. 그 사이 햄릿 주변의 많은 이들이 목숨을 잃게 되고 결국 햄릿도 죽음을 맞는다. 겨우 자신의 숨이 멎기 직전에야 숙부에게 복수한다.

셰익스피어 작품 중 가장 긴 이 극의 상당 부분은 햄릿의 머릿속을 헤매고 다닌다. 햄릿의 고뇌는 독백이라는 형식을 통해 관객에게 전달된다. 그렇게 복수를 늦추며 끊임없이 사색에만 빠져드는 햄릿을 우리는 우유부단하다고 말하지 않았던가?

김 감독이 이런 생각에 빠져 있을 때 셰익스피어는 계속 말을 이었다.

이까짓 게
막장 드라마라고요?

2

"내 극 중에서 가장 잔인하다고 평가받는 〈타이터스 앤드로니커스〉도 복수극이지 않아요?"

셰익스피어의 갑작스러운 질문에 김 감독은 당황했다. 그의 작품을 다 읽어 보았다고 말하긴 했지만 사실 아직 읽지 못한 극도 몇 개 있었다.

"실은 제가 선생님 극을 거의 다 읽어 보았는데 그건 아직⋯⋯."

"〈타이터스 앤드로니커스〉요? 아, 그 극은 내 작품인지 모르는 사람들도 많아요. 워낙 초기에 쓴 극이라서 아직 로마 극을 답습하는 수준의 졸작이거든요."

"졸작이라니요? 선생님 작품에 졸작이 어디 있습니까! 근데 대강의 줄거리가 어떻게 되는데요?"

셰익스피어는 김 감독에게 극의 내용을 간단히 설명해 주었다.

로마 장수 타이터스 앤드로니커스는 고트족을 물리치고 여왕과 왕자들을 포로로 잡아 개선한다. 그리고 왕자들 중 한 명을 전쟁에서 희생당한 로마군의 혼을 위로하기 위해 제물로 바친다.

마침 로마에서는 왕위가 비어 있어 원로원에서 개선장군 타이터스를 로마 황제로 추대한다. 하지만 타이터스는 이를 사양하고 첫째 왕자 새터니어스를 지지하여 황제로 만든다. 이때 타이터스에게 원한을 품은 고트족의 여왕 타모라가 황제를 유혹하여 왕비가 된다.

왕비와 그녀의 흑인 노예, 두 아들의 음모에 의해 타이터스는 자신의 아들들을 잃게 되고 딸 라비니어마저 두 왕자에게 능욕을 당한다. 이들은 비밀이 누설될까 봐 라비니어의 혀와 팔을 다 잘라 버린다. 나중에 이 사실을 알게 된 타이터스의 잔인한 복수가 시작된다.

타이터스는 라비니어를 능욕한 두 왕자를 죽인 다음 요리하여 왕비에게 먹이고, 흑인 노예와 놀아나서 검둥이 아이까지 낳은 그녀의 부정함을 새터니어스 황제에게 다 밝힌 뒤 그녀를 죽인다.

김 감독은 셰익스피어에게 극의 줄거리를 듣는 동안 잔혹함에 소름이 돋았다.

"혀와 팔을 자르고, 어미에게 자식의 인육을 먹이다니…… 정말 잔인한 줄거리네요."

"나는 너도나도 로마 극작가 세네카[6]를 따라 이런 잔인한 복수극을 쓰던 시대의 사람입니다. 한동안 정말 유혈 복수극이 대유행했죠. 이 극도 대단한 인기를 누렸는데, 지금은 어떤가요?"

〈타이터스 앤드로니커스〉는 셰익스피어의 작품 중 가장 잔인한 극으로 정평이 나 있다. 살인, 강간, 신체 절단, 생매장, 식인 등 잔혹한 장면이 쉴 새 없이 이어진다. 이런 무자비한 폭력과 피비린내 나는 장면들이 우스꽝스러운 유머와 뒤섞여 있어 다른 셰익스피어의 성숙한 극들과 비교해 볼 때 작품성이 많이 떨어진다는 평을 받는

다. 그래서 현대에는 셰익스피어 작품 가운데 비교적 공연도 잘 안 되고 독자들도 많이 읽지 않는 편이다. 셰익스피어 광팬인 김 감독조차 이 극은 아직 읽지 않았으니 말이다.

"다른 작품들에 비해 인기가 없는 편이에요. 너무 잔인해서 무대에 올리기도 쉽지 않고요."

"요즘 사람들은 너무 잔인한 이야기는 좋아하지 않나 보군요? 그러니 아까 그 드라마를 보고 막장이니 뭐니 하는군요?"

"그래도 아까 그 드라마는 선생님 복수극하고는 좀 차원이 달라요. 이야기 설정부터가 억지스럽고 있을 법하지 않거든요."

"그래요? 어떤 설정인데요? 궁금하군요."

"저 젊은 여자가 어린 시절 자기를 버린 엄마에게 복수하는 거예요. 아, 저 여자가 바로 그 엄마예요. 자기를 버린 엄마에게 복수하기 위해 새로 결혼한 엄마의 의붓아들과 결혼한 겁니다."

"그럼 딸이 며느리가 된 거네요?"

"네, 맞아요. 그게 말이나 되나요? 세상에 그런 일이 어디 있을까요?"

"어, 난 김 감독님하고 생각이 좀 다른데요. 그런 일이 흔치는 않지만 있을 수 있지 않을까요? 내 작품들도 사실 말도 안 되는 설정이라는 혹평을 많이 받았거든요."

김 감독은 현재 셰익스피어가 누리고 있는 명성 때문에 사실 그를 무조건 존경하고 있었다. 그래서 그의 작품들을 읽고 해석하면서 고상하고 지적인 작품이라고 의심 없이 생각하고 있는 터였다.

"예를 들어 어느 작품이요?"

"자, 〈햄릿〉만 하더라도 삼촌이 자기 형인 햄릿의 아버지를 죽이는 거잖아요. 그리고 형수를 아내로 삼은 거고. 게다가 조카인 햄릿까지 죽이려 했잖아요. 결국, 조카 손에 자신이 죽긴 하지만"

"그러고 보니 그런 일도 별로 있을 법하진 않네요. 막상 읽을 때는 못 느꼈는데."

"그것뿐인가요? 햄릿은 또 숙부의 스파이로 휘장 뒤에 숨어서 왕비와 자기의 대화를 엿듣고 있던 사랑하는 여자의 아버지를 죽이잖아요."

"그래서 오필리아가 충격을 받아 미쳐 버리죠. 결국 물에 빠져 죽게 되고요."

아버지의 갑작스러운 죽음과 숙부와 엄마의 결혼으로 충격을 받은 햄릿 앞에 아버지의 유령이 나타난다. 유령은 숙부가 자신을 독살하고 왕권을 빼앗았으니 복수를 해 달라고 간곡히 부탁한다. 엄청난 비밀을 알아 버린 햄릿은 숙부에 대한 복수를 다짐하며 생명을 부지하기 위해 미친 척하기로 결심한다.

한편 왕위 찬탈의 비밀을 지닌 숙부는 늘 햄릿의 존재가 두렵게 느껴진다. 그래서 끊임없이 스파이를 보내 햄릿의 속내를 캐내려 한다. 그 스파이 중 한 명이 숙부의 측근인 원로 대신 폴로니어스인데, 공교롭게도 그는 햄릿이 사랑하는 오필리아의 아버지다. 햄릿은 왕비와 자신의 대화를 엿듣고 있던 폴로니어스를 죽이게 된다. 이 일이나 비극적인 운명인가!

사랑하는 연인의 손에 아버지를 잃은 오필리아는 그 비극적 운명을 견디지 못하고 미치고 만다. 미쳐 강가를 헤매던 그녀는 결국 강물에 빠져 죽는다.

셰익스피어로부터 이야기를 듣고 나서야 김 감독은 비로소 그 설정들이 조금 억지스럽고 비현실적이라는 것을 깨달았다.

"〈리어 왕〉도 한번 생각해 보세요. 리어 왕의 두 딸은 아버지의 권력과 재산을 받기 위해 온갖 감언이설로 아버지를 사랑한다고 말하잖아요. 그리고 그걸 다 차지한 다음에는 늙고 힘없는 아버지를 박해하죠. 또 야심에 가득 찬, 글로스터 백작의 서자는 어떻습니까? 권력과 재산을 빼앗기 위해 형을 음해하여 쫓아내고, 나중에는 아버지마저 리어 왕의 둘째 딸 부부에게 밀고하여 아버지의 작위와 재산을 다 차지하잖아요."

"아, 리어 왕의 두 딸들이 반한 에드먼드 말씀이군요?"

"맞아요. 그것도 막장이죠. 그 여자들은 둘 다 유부녀잖아요. 그런데 젊은 야심가 에드먼드에게 반해서 큰딸은 에드먼드에게 자기 남편을 죽이고 침실을 차지해 달라는 편지까지 보내잖아요? 얼마나 독한 여자입니까?"

"결국 동생에게 그 남자를 빼앗길까 봐 동생을 독살하지 않았나요?"

"그래요. 질투심에 눈이 멀어 동생을 독살하고 결국에는 자결하고 말죠."

"그렇게 말씀하시니 선생님 극들도 정말 막장이네요."

"그렇죠? 아까 그 드라마는 내 극에 비하면 점잖은 편이에요. 하하하."

"에이, 그래도 선생님 극에는 삶에 대한 깊은 통찰이 담겨 있잖아요. 그 아름다운 시적 대사들은 또 어떻고요? 지금 사람들은 선생님을 언어의 마술사라고 불러요."

"김 감독님이 좋게 봐 주셔서 그렇지 나도 사실 자극적인 이야기로 관객을 끌어모으는 데만 신경 쓴 대중 작가에 불과합니다. 저 드라마를 쓴 작가와 별로 다를 게 없다니까요."

"왜 이러세요, 선생님. 세계 최고의 대문호님이 일개 방송 작가와 자신을 비교하다니 너무 겸손하신 거 아니에요?"

"지금은 내가 대문호라고 평가받는지 모르지만 난 정말 그냥 상업적인 극작가일 뿐입니다. 자극적인 이야기를 써서 관객몰이를 한 것뿐이죠. 특히 비극들이 그래요. 내가 쓴 비극들은 사랑과 관능, 살인과 음모, 광포한 인물과 광기, 유혈과 복수로 가득 차 있어요. 등장인물들은 권력이나 재물에 눈이 멀어 걷잡을 수 없는 욕망에 불타오릅니다. 부모와 자식 간이나 형제자매 간의 천륜도, 부부간의 인륜도 그 욕망으로 인해 다 사라지죠."

"그렇게 극단적으로 쓰신 이유가 있나요? 그 시대에도 사람들이 그렇게 탐욕스러웠나요?"

"인간의 본성은 별로 변하지 않는 것 같아요. 특히 내가 사는 시대의 사람들은 갑자기 더 탐욕스러워진 것 같아요. 중세 장원에 울타리를 치거나 담을 쌓아서 자기 땅임을 명시한 '인클로저'가 바로 그 예지요."

"아, 지주들이 땅에 울타리를 치고 농사 대신 양을 길렀던 일 말씀하시는군요."

"김 감독님도 아시네요? 아무리 그래도 돈이 더 잘 벌린다고 사람들이 농사지어 먹고살던 땅을 양들에게 다 내주는 법이 어디 있습니까?"

"그럼 농사짓던 소작인들은 다 어떻게 됐나요?"

"어찌 되긴요, 농사지을 땅을 뺏겼으니 부랑인이 되어 이 도시 저 도시로 떠돌게 됐죠. 그래서 어떤 이는 양이 사람을 잡아먹는다고 했어요."[7]

"아마 선생님이 중세 봉건 사회에서 근대 자본주의 사회로 넘어가는 과도기에 사셨던 거 같아요."

"그런 용어는 잘 모르지만 어쨌든 사람들이 너무 탐욕스럽고 이기적으로 변해서 과거의 끈끈했던 유대 관계는 다 무너졌죠. 아! 내가 그 상황을 〈리어 왕〉에서 묘사했었는데."

셰익스피어는 갑자기 가방을 뒤지기 시작했다. 가방 안에는 대본이 가득 들어 있었다.

"마침 내가 프랑스 감독하고 공연 문제로 만나기로 해서 대본을 다 들고 왔죠. 잠깐만 기다려 보세요."

한참 뒤적이더니 〈리어 왕〉 대본을 찾아 한 대목을 읽기 시작했다.

사랑은 식고, 우정은 와해되고 형제는 갈라선다.

도시에서는 폭동이, 시골에서는 불화가,

궁정에서는 역모가 일어난다.

자식과 아비 사이의 인연도 끊어지는구나. (……)

자식은 아비를 배반하고

국왕은 천성에 어긋나는 행동을 하고,

아비는 자식을 저버린다.

우리는 가장 좋은 세상을 보고 살았으나

음모, 허위, 사기 등 온갖 망조의 무질서가

무덤까지 심란하게 우리를 따라오는구나.

(1막 2장 103~111행)

"누구의 대사죠?"

"글로스터 백작의 대사예요. 리어 왕이나 글로스터 백작은 다 노령이라 유대 관계가 두터웠던 과거를 그리워하죠."

"하지만 착한 심성을 지닌 인물도 있잖아요. 리어 왕의 막내딸 코델리아처럼."

"코델리아는 그야말로 천사죠."

고대 브리튼의 늙은 왕인 리어는 모든 권력을 자식들에게 넘겨 주고 나라도 삼등분하여 세 딸에게 나눠 주기로 한다. 그는 공식적인 자리에서 세 딸에게 자신을 얼마나 사랑하는지 말하면, 그 애정의 크기에 따라 왕국을 나눠 주겠노라고 말한다.

그러자 첫째 딸 고네릴과 둘째 딸 리건은 온갖 과장된 수사를 다 동원하여 리어 왕을 사랑한다고 말한다. 언어란 얼마나 거짓을 포장하기에 좋은 도구인지.

하지만 언니들의 화려하고 과장된 사랑 표현이 거짓임을 알고 있는 막내딸 코델리아는 아버지를 진정 사랑했으나 그런 자신의 애정을 표현하려 하지 않는다. 어리석은 리어는 그런 막내딸을 괘씸히 여겨 부녀간의 의를 끊고 언니들에게 왕국을 나눠 준다. 하지만 두 딸은 곧 본심을 드러내어 아버지를 박해하기 시작한다.

프랑스 왕비가 되어 아버지가 언니들로부터 부당한 대우를 받는다는 소식을 들은 코델리아는 아버지의 권력과 재산을 되찾아 주기 위해서 군대를 이끌고 브리튼으로 온다. 그녀는 딸들의 배신에 거의 미쳐 가던 리어 왕을 찾아 치료해 주고 극진히 모신다. 하지만 프랑스군은 브리튼군과의 전쟁에서 패배하고 코델리아는 에드먼드의 은밀한 명령에 따라 죽임을 당한다.

김 감독은 코델리아가 죽는 장면에서 느꼈던 묘한 기분이 떠올라 셰익스피어에게 물었다.

"그런데 선생님은 그렇게 착한 코델리아를 굳이 왜 살해당하게 하셨어요?"

"아하, 김 감독님은 그 설정이 맘에 안 드시는군요?"

"사실 후대 사람들은 선생님의 그런 설정에 불만이 많습니다."

"그래요? 뭐라고요?"

"선생님 작품에는 무고하게 희생당하는 사람이 너무 많다고요."

"좀 그렇긴 하죠. 코델리아도 그렇고, 〈오셀로〉에 나오는 정숙한 아내 데스데모나도 남편의 괜한 의심으로 목이 졸려 죽었으니."

'아, 〈오셀로〉!'

　순간 김 감독은 그 책을 읽으면서 느꼈던 답답함이 새삼 떠올랐다. 아마 세계 문학사상 '질투심'이라는 인간의 심리를 〈오셀로〉처럼 훌륭하게 묘사한 작품은 없을 것이다. 베니스 용병으로 원로원 귀족의 딸과 결혼한 무어인 장군 오셀로는 악인 이아고의 간사한 꾀 때문에 아내가 바람을 피웠다는 의심에 사로잡힌다.

　이 극에서 우리는 의처증이라는 병적인 심리가 별 근거도 없이 의심을 키워 나가는 모습을 보게 된다. 아내의 정절에 대한 의심이 고귀한 이성의 소유자였던 오셀로를 광기에 몰아넣고 급기야 살인마로 만든다.

　도대체 오셀로는 왜 아내의 말에는 귀를 막고 이아고의 말만 들은 것일까? 그리고 왜 데스데모나는 좀 더 적극적으로 자신이 결백하다는 것을 주장하지 못할까? 너무 답답했다. 그리고 그렇게 결백한 데스데모나의 죽음에 속이 터지는 줄 알았다.

"맞아요, 데스데모나의 죽음도 너무 억울해요. 선생님 작품의 그런 점들에 대해 특히 신고전주의 시대에 비난이 심했어요."

　"신고전주의 시대요?"

　신고전주의는 1700년대 말 유럽에서 유행한 문예 사조였다. 고대 그리스와 로마의 고전적 예술에 영감을 받은 이 예술 사조는, 합리적이고 윤리적인 질서가 세계를 지배하고 있다고 믿었던 계몽주의 사상과 비슷한 시기에 발달했다. 그래서 문학작품도 권선징악이라는 시적 정의(詩的 正義, poetic justice)를 구현해야 한다고 믿었다.

"그 시대 비평가들은 선생님의 작품에는 선악의 구별도 없고, 권선징악의 시적 정의가 없다고 비난했어요."

"그럼 문학작품에서는 착한 사람은 늘 복을 받고, 악한 사람은 파멸해야 한다는 말인가요?"

"그 시대 사람들은 그렇게 생각했어요. 그러니 착한 사람들이 무고하게 희생당하는 선생님의 극은 그들 정서에는 상당히 어울리지 않았죠. 당시 아주 유명한 시인이자 비평가였던 새뮤얼 존슨은 코델리아가 죽는 장면이 너무 충격적이어서 다시 읽기가 두려웠다고 말했어요."

"허허, 그 정도일 줄은 몰랐네요."

"그래서 네이홈 테이트라는 작가가 선생님의 〈리어 왕〉을 다시 쓴 거 아세요?"[8]

"그랬어요? 내용을 많이 바꿨나요?"

"좀 많이 바꿨어요. 코델리아가 살아서 글로스터 백작의 첫째 아들 에드가와 결혼하고, 리어 왕은 못된 두 딸로부터 왕권을 되찾은 뒤 두 사람에게 행복하게 왕위를 물려 주고 은퇴하는 거로 바뀌었어요."

"완전 해피엔딩이네요?"

"네, 결국 착한 코델리아와 에드가는 복을 받은 셈이고, 못된 두 딸과 에드먼드는 파멸한 거죠."

"그런데 김 감독님도 세상일이 정말 그렇게 돌아간다고 생각하세요? 착한 사람은 복을 받고 나쁜 사람은 벌을 받는다고?"

"그렇진 않죠. 하지만 사람들에게 뭔가 교훈을 주려면 어느 정도는 그런 메시지가 있어야 하지 않을까요?"

"세상을 한번 둘러 보세요. 오히려 착한 사람들이 더 못 살지 않나요? 늘 나쁜 놈들의 계략에 속아 넘어가고, 억울하게 당하고 죽고. 김 감독님은 연극의 목적이 뭐라고 생각하세요?"

"네? 연극의 목적이요?"

"김 감독님, 혹시 내가 〈햄릿〉에서 주장했던 연극의 목적, 기억나세요?"

"글쎄요…… 그런 말이 있었던가요?"

셰익스피어는 또다시 가방을 뒤지기 시작했다. 이번에는 〈햄릿〉을 꺼내 들었다. 정신없이 책장을 넘기던 셰익스피어가 말했다.

"아, 여기 있군요. 제가 읽어 볼 테니 좀 들어 보세요."

연극의 목적은 예나 지금이나

자연을 거울에 비추어 보이는 일이라고 할 수 있네.

옳은 건 옳은 대로, 그른 건 그른 대로 고스란히 비추어

그 시대의 양상을 있는 그대로 보여 주는 것이지.

(3막 2장 21~24행)

"아, 그거 햄릿의 대사죠? 햄릿이 숙부의 진실을 캐내기 위해 연극을 할 때 배우들에게 자연스럽게 연기하라고 요구하면서 하는 말 아닌가요?"

숙부 클로디어스 왕이 햄릿의 속내를 캐내기 위해 온갖 음모를 꾸미는 동안, 햄릿도 숙부의 사악한 범죄 사실을 확인하기 위해 궁리한다. 신중하고 조심스러운 햄릿은 자신이 본 아버지의 유령이 '자신의 허약함과 우울증이 낳은 나쁜 망상'일지도 모른다고 생각한다. 그래서 유령이 말한 숙부의 범죄에 대해 확실한 증거를 잡아야겠다고 마음먹는다.

　　마침 덴마크 궁정에 도착한 연극 단원들에게 선왕의 죽음을 소재로 한 연극을 공연하도록 준비시킨다. 햄릿은 연극의 목적이 이 세상을 고스란히 비춰 주는 것이니 자연스럽고 과장되지 않게 연기하라고 배우들에게 주문한다.

"네, 맞아요. 난 바로 이것이 연극의 목적이라고 생각해요. 세상을 있

는 그대로 보여 주는 것. 김 감독님 생각은 어떠세요?"

"그건 저도 그렇게 생각해요."

"그렇다면 그 신고전주의인가 뭔가를 주장하는 사람들이 잘못된 거 아닌가요? 세상이 실제로 그렇지 않은데 억지로 권선징악이라는 도덕적 교훈에 끼워 맞춰서는 안 되는 거 아닌가요? 있는 그대로 보여 줘야죠!"

셰익스피어가 흥분한 목소리로 말하자 김 감독은 당황스러웠다.

"네, 선생님 말씀이 맞습니다. 착한 사람은 복을 받고 나쁜 사람은 벌을 받는다는 설정은 좀 지나친 감상주의지요. 그런데 선생님, 선생님 작품을 함부로 고쳐서 무대에 올렸다고 하니 기분이 좀 상하셨나 봐요."

"아니, 내 작품을 고쳐서 화가 나는 게 아니고요. 억지로 교훈적인 이야기로 바꾼 게 맘에 안 들어요. 세상의 모습을 고스란히 있는 그대로 보여 주는 것만으로도 사람들이 충분히 느끼고 삶을 바꿔 나가도록 할 수 있거든요."

굳이 교훈적인 메시지를 담고 있지 않더라도, 우리 삶의 실상을 그대로 보여 주기만 해도 문학은 우리가 정의롭고 합리적인 판단을 할 수 있는 힘을 준다는 것을 김 감독은 깨달았다.

이런 깨달음은 김 감독이 연출가와 예술가로서 오랫동안 품어

왔던 해묵은 고민을 풀어 주었다. '예술은 꼭 교훈적 메시지를 담고 있어야 하는가?'라는 고민 말이다.

[6] 로마의 비극 작가인 세네카는 셰익스피어 시대 극작가들에게 많은 영향을 끼쳤다. 다음과 같은 세네카 극의 특징은 셰익스피어를 비롯한 당대 작가들의 극에서 흔히 볼 수 있다. 첫째, 대사가 아주 장황하다. 둘째, 대부분 폭력적인 복수극이다. 살인, 근친상간, 유아 살해와 같은 선정적인 내용이 많다. 셋째, 5막 구성으로 되어 있다. 셰익스피어 극들도 모두 5막으로 구성되어 있다. 넷째, 유령이나 마녀 같은 초자연적 인물이 등장한다.

[7] 토머스 모어는 《유토피아》에서 "양이 사람을 잡아먹는다"라든가, "탐욕스러운 자들의 국토의 노략질"이라는 표현으로 인클로저를 비난했다.

[8] 네이훔 테이트 판 〈리어 왕〉이 이후 150년 동안 셰익스피어의 〈리어 왕〉 대신 영국 연극계를 장악했다.

이까짓 게 막장 드라마라고요?

2

3

대학로에서
연극을 보다

이튿날 김 감독과 셰익스피어는 대학로에 갔다. 김 감독은 대학로에서 몇 년째 오픈 런(Open Run)[9]으로 공연되고 있는 셰익스피어 연극 공연을 보여 주고 싶었다. 작품은 〈로미오와 줄리엣〉과 〈말괄량이 길들이기〉였다.

셰익스피어는 시공간이 뒤틀려 이곳에 오기 전까지 세상에 존재하는지도 몰랐던 머나먼 동양의 한 나라에서 자신의 극들이 공연된다는 사실이 너무 기쁘고 뿌듯했다. 그것도 자기가 죽은 지 이미 400년이나 흘렀다고 하지 않았던가? 더구나 한 극장에서 하나의 작품이 몇 년 동안 계속 공연되고 있다는 사실은 놀라움을 넘어 신기하기까지 했다.

"어떻게 한 레퍼토리가 몇 년 동안 관객을 불러 모을 수 있죠?"

그 점이 의아하기는 김 감독도 마찬가지였다. 김 감독도 셰익스피어 극을 2주 정도 한 극장에서 올렸던 것이 가장 긴 공연이었기 때문이다.

"글쎄요, 저도 늘 그게 궁금했는데 선생님 덕분에 오늘 그 연극을 보게 되네요."

두 사람은 우선 〈로미오와 줄리엣〉을 공연하는 극장으로 향했다. 극장 앞에 연극을 알리는 포스터가 크게 붙어 있었다. 포스터에는 여러 쌍의 남녀가 그려져 있었다. 셰익스피어는 포스터를 보고 깜짝 놀랐다.

"설마 저 포스터 속 여자들이 진짜 여자는 아니죠?"

셰익스피어의 질문에 김 감독은 오히려 놀랐다.

"네? 여자가 아니라뇨? 당연히 여자죠."

"아니, 여자가 무대에 오른단 말이에요?"

"선생님 시대에는 여자는 연극을 못 했나요? 그럼 선생님 작품에 나오는 그 많은 여자 역은 누가 했어요? 줄리엣, 오필리아, 맥베스 부인……."

"내가 사는 시대에는 여자가 무대에 오르는 것이 금지되었어요. 그래서 여자 역은 아직 변성기가 오지 않은 소년들이 여장을 하고 연기했어요. 왜 〈안토니와 클레오파트라〉에서 그런 상황을 얘기하잖아요. 한번 보시겠어요?"

셰익스피어는 〈안토니와 클레오파트라〉 대본을 꺼내 다음 대목을 손가락으로 짚어 주었다.

클레오파트라:

클레오파트라 역을 맡은 삑삑거리는 애송이놈이

화냥년으로 분장해서 내 위엄을 욕되게 하는 꼴을

보게 될 것이다.

(5막 2장 218~220행)

"그랬군요. 요즘도 가끔 여자 역을 여장한 남자가 하지만 여자의 출연이 금지된 건 아니에요. 근데 여자가 무대에 오르지 못하면 공연하기가 많이 불편했겠네요."

"그래서 내 극을 보면 아버지는 나오는데 어머니는 나오지 않는 경우가 많아요. 또 여자 인물이 남장을 하는 경우도 많고요. 그럼 결국 여자 역을 하는 남자 배우가 남자 연기를 하면 되는 거지요."

"아 맞아요. 〈베니스의 상인〉에서 여주인공 포샤도 남자 재판관으로 변장하고 베니스 법정에 나타나죠. 허, 거참 아주 센스 있는 처리인데요."

셰익스피어와 대화를 나누고 있는데 김 감독의 눈에 '코믹 쇼'라는 단어가 연극 제목 앞에 붙어 있는 것이 보였다. 아니, 코믹 쇼라니? 전 세계 누구나 다 알고 있는 이 비련의 이야기에 코믹 쇼가 웬 말인가? 김 감독은 내심 걱정이 되었다. 자신의 작품을 가지고 전혀 딴소리하는 공연을 맞닥뜨리면 원작자가 너무 불쾌하지 않을까? 게다가 이게 어떤 극인가? 셰익스피어의 극 중에서도 〈햄릿〉 못지않게 최고의 인기를 누리면서 발레, 뮤지컬, 영화 등 수많은 분야로 확장된 걸작이 아닌가?

"선생님, 혹시 선생님의 작품을 맘대로 연출한 것을 보고 마음 상하시면 어쩌죠?"

김 감독은 셰익스피어의 안색을 살피며 눈치를 보았다.

"무슨 말씀이세요, 김 감독님? 연극 대본은 하나의 청사진일 뿐인데요. 그 청사진을 참고로 실제 집을 짓는 것은 기술자와 건축가들이죠. 제 대본을 한번 들여다보세요. 전 무대와 배우의 연기에 관해 설명하는 무대 지시문도 거의 쓰지 않아요. 그저 장소는 어디, 누구 등장, 누구 퇴장 정도만 밝히죠. 나머지는 모두 무대에 올리는 감독의 상상력에 맡깁니다."

"그건 사실이에요. 현대 사실주의 극에 비하면 선생님 극에는 무대 지시문이 거의 없다시피 하죠. 어떤 극은 무대 설명이나 등장인물에 대해 2~3장에 걸쳐 설명하는데 말이에요."

"게다가 〈로미오와 줄리엣〉은 비교적 초기에 쓴 작품이라 걸작이라 할 수도 없는걸요."

김 감독은 셰익스피어의 이런 주장에는 절대 동의할 수가 없었다.

"무슨 말씀이세요, 선생님? 그 극이 얼마나 인기가 많고 자주 공연되는데요. 다른 장르의 예술가들도 선생님의 그 어떤 작품보다 〈로미오와 줄리엣〉에서 영감을 많이 받았거든요.”

“이야기 자체야 극적이고 흥미진진하지요. 서로 첫눈에 반한 지 며칠 만에 사랑을 위해 둘 다 목숨을 바쳤으니.[10] 하지만 그 이후에 쓴 비극들에 비하면 인간에 대한 치열한 관찰이나 세밀한 묘사가 부족한 편이죠.”

“그러고 보니 이 극에서는 등장인물의 성격적 결함이나 잘못된 판단보다는 집안끼리의 반목 때문에 비극이 일어나네요.”

“그렇다니까요. 내가 아직 미숙한 때라 플롯 자체에 운명이나 우연적인 요소가 너무 많아요. 그 왜 로미오에게 신부님이 보내는 편지가 전염병이 돌아 전달되지 않기도 하잖아요?”

“그래서 후대 사람들이 4대 비극을 꼽을 때 이 작품은 포함시키지 않은 거군요. 그래도 순수한 청춘남녀의 지고지순한 사랑이 아름다운 대사와 장면으로 그려져 있어서 대중적인 사랑을 가장 많이 받는 작품임은 틀림없어요.”

“맞아요. 난 이 극에서 절대적인 가치를 지닌 사랑 이야기를 하고 싶었어요. 로미오와 줄리엣에게 사랑은 지상 최고의 가치였죠. 가족도, 목숨도 사랑보다 더 중요한 것은 아무것도 없었어요.”

“그래서 이 작품에서 ‘로미오와 줄리엣 효과’라는 심리학 용어도 탄생한 거 아세요?”

"그랬나요? 이 작품이 심리학에도 영향을 줬어요? 그런데 '로미오와 줄리엣 효과'라는 게 뭔가요?"

"부모의 반대나 주위의 장애가 로미오와 줄리엣의 경우처럼 욕망을 더 커지게 하는 효과를 낸다는 거예요. 미국의 사회 심리학자들이 남녀 커플을 대상으로 이에 관한 연구를 했대요. 그랬더니 부모의 반대가 심할수록 두 사람의 사랑이 더 깊어지더래요."

"재미있네요. 결국 내가 쓴 내용이 심리학적으로 근거가 있는 거네요?"

"인간에 대한 바로 그런 남다른 통찰력 때문에 선생님이 존경받고 계시는걸요. 곧 극이 시작될 거 같아요. 어서 들어가시죠."

대학로의 극장들은 아주 작지만 그래도 여긴 규모가 좀 있었다. 객석이 한 200석 정도 될까? 그런데 셰익스피어는 극장을 보고 깜짝 놀랐다.

"에게? 극장이 이렇게 작아요?"

"네, 소극장이거든요. 하지만 소극장치고는 꽤 큰 편인걸요. 선생님의 레퍼토리를 공연했던 글로브 극장은 엄청나게 컸죠?"

"네, 한 2,000명 정도가 관람할 수 있었으니까요."

"어마어마하네요. 그런 큰 극장들이 많았나요?"

"런던에 네 군데 있었어요."

글로브 극장은 시 외곽 지역인 사우스워크에 세워졌다. 건물은 8각형 모양이었으며, 최대 3,000명의 관객을 수용할 수 있을 정도로 규모가 컸다. 연극 전용 극장이 생겨나기 전에는 주로 여인숙의 앞마당에서 연극이 공연되었다. 그래서 글로브 극장도 여인숙 앞마당처럼 가운데 공터를 3층으로 된 객석이 둘러싸고 있었다. 관객석 위만 지붕이 있고 가운데 부분은 뻥 뚫린 야외극장이었다.

"지붕이 없는 야외극장이었는데, 그럼 비나 눈이 오는 날에는 공연을 못 했겠네요?"

"네, 주로 맑은 날 오후 2시경에 공연했어요. 이 극장도 별다른 무대 장치 없이 단출하네요. 우리 공연장도 그랬어요. 자연 채광 외에는 조명도 따로 없었고요. 그저 무대 뒷벽에 검은 천이 걸리면 비극을 공연하는 날이고 호화롭게 채색된 천이 걸리면 희극이 공연되는 날이라고 표시했죠."

무대 배경이 거의 없는 탓에 무대의 현장감은 주로 배우의 대사를 통해 살렸다고 한다. 다시 말해 배우가 대사로 장소에 대해 생생하게 묘사하면 관객들은 머릿속으로 그 장소를 상상하였다. 예를 들어 화창한 대낮에 공연을 보면서 〈로미오와 줄리엣〉의 발코니 장면의 아름다운 밤을 상상하거나 〈리어 왕〉의 폭풍우 장면을 상상했다. 셰익스피어는 무대의 한계를 상상력으로 메워 달라고 관객들에게 직접 호소하기도 했다.

"자, 〈헨리 5세〉에 나오는 서사 역의 이 대사를 읽어 보세요. 난 이렇게 관객들에게 상상력을 발휘해 달라고 부탁했어요."

부족한 점은 여러분들의 생각으로 짜 맞추어 보충해 주십시오.

배우는 각기 1,000명 몫을 하고 있다고 생각해 주십시오.

머릿속으로 대군을 상상해 주십시오.

저희들이 말에 대해 말하면 군마들이 당당하게

대지를 딛고 서 있는 광경을 보고 있다고 생각해 주십시오.

(프롤로그 24~28행)

"하하하, 그러셨군요. 요즘은 무대 기술이 많이 발달하여 달빛 장면이나 폭풍우 장면도 음향과 조명 효과로 다 연출해 냅니다."

"기술이 그렇게 발달했나요? 폭풍우가 치지 않는데 치는 것처럼 할 수 있어요?"

"네, 내일 제 공연을 보시면 무대 기술의 발달을 좀 느끼실 거예요."

"기대되는데요. 아, 근데 이 극장도 객석이 무대를 삼면에서 둘러싸고 있네요."

"그때도 그랬나요?"

"무대 주변에 객석은 없었고, 관객들이 무대를 둘러싼 마당에 서서 봤어요. 지붕이 있는 좋은 관람석에는 귀족들이 비싼 관람료를 내고 앉았고, 가난한 사람들은 1페니 정도만 내고 무대 주변의 마당에 서서 극을 봤죠."

"그럼 관객과 배우의 관계가 아주 진밀했겠네요."

"그럼요, 현실과 연극 사이의 경계도 모호해서 관객이 극 중 인물 역을 할 때도 있고, 극을 보다 흥분하면 관객들이 무대 위로 뛰어올라오기도 하고요."

"정말 배우와 관객이 하나가 되어 극을 만들었군요."

셰익스피어와 김 감독이 당시 극장에 대해 이야기를 나누는 사이 공연이 시작되었다. 공연은 아주 독특한 방식으로 진행되었다. 각각 4명의 로미오와 줄리엣이 나와 자기를 소개했다. 그 가운데 관객들로부터 가장 많은 표를 받은 사람이 그날 공연의 주인공이 되었다.

오늘은 웨이터 로미오와 클럽 줄리엣이 뽑혔다. 클럽에서 만난 두 사람의 우여곡절 사랑 이야기가 펼쳐졌다. 뽑히지 못한 로미오와 줄리엣들은 쫄쫄이 의상을 입고 들락날락하며 소품도 나르고 카메오도 했다. 중간에 주인공이 바뀌기도 했다. 춤추고 노래하고, 연극이라기보다는 뮤지컬에 가까웠다. 셰익스피어도 김 감독도 공연을 보는 내내 배꼽을 쥐고 웃었다. 시간이 후딱 흘러 막이 내렸다.

"이렇게 웃긴 〈로미오와 줄리엣〉은 처음 보는데요."

"그러게요. 재밌게 보긴 했지만, 선생님의 슬픈 사랑 얘기가 너무 웃기기만 해서 섭섭하지 않으세요?"

"아뇨. 나도 남의 글에서 줄거리를 빌려다 내 맘대로 고쳐 썼는 걸요. 그나저나 저렇게 새로운 모습의 〈로미오와 줄리엣〉이 있다니, 아주 신선한데요."

"매일 성격이 다른 로미오와 줄리엣이 뽑혀서 볼 때마다 새롭긴 하겠어요."

"그래서 몇 년 동안 공연이 가능했나 보네요. 아직도 저렇게 내 극을 공연해 주고 보러 와 주는 사람들이 있다니 정말 고맙고 뿌듯하네요."

김 감독은 셰익스피어가 연극을 보고 마음에 들어 하자 마음이 놓였다.

"선생님, 우리 얼른 식사하고 커피도 한잔 마시고 또 다른 공연 보러 가요."

"그럴까요?"

〈말괄량이 길들이기〉는 아까보다 훨씬 작은 극장에서 공연하고 있었다. 객석은 100석도 채 안 되는 듯 보였다. 무대 위에는 술집처럼 테이블들이 놓여 있었다. 막이 시작되기 전부터 배우들은 무대에 등장하여 술을 마시는 연기를 하고 있었다. 한 테이블에는 술이 잔뜩 취한 나이 든 술주정뱅이가, 다른 테이블에는 젊은 청년들이 모여 술을 마시고 있었다.

"선생님, 그런데 왜 이런 극을 쓰셨어요? 천하의 말괄량이를 길들인다는."

"왜요? 재밌지 않나요? 세상에 둘도 없는 왈가닥 아내를 맞이한 남편이 아내를 고분고분하게 만들어 간다는 내용이야말로 우리 남자들의 꿈이자 환상이지 않나요?"

"선생님 시대에는 가장이 집안의 주도권을 쥐고 있던 때라 이런 이야기가 허용되었지만 지금은 세상이 바뀌었거든요."

"세상이 바뀌어요?"

"네, 요즘은 여성 상위 시대라고 남자들이 집안에서 찍소리도 못합니다. 여자들이 아주 드세졌어요. 그래서 사실 이 작품은 논란이 많았습니다. 너무 여성을 억누르는 극이라는 비난을 받았거든요."

"그래요?"

"조지 버나드 쇼라는 극작가는 '점잖은 취향을 지닌 사람이라면 여자와 함께 공연이 끝날 때까지 자리를 지킬 수 없는 극'이라고 말하기도 했어요."

권위적인 남편 페트루치오에 의해 천하의 말괄량이 캐서리나가 온순하고 순종적인 아내로 길들여진다는 〈말괄량이 길들이기〉는 남성 중심 플롯과 길들이기 방법 등이 논란을 불러일으켰다. 그런데 셰익스피어는 그런 주장을 반박했다.

"그건 내 작품을 잘 이해하지 못한 것 같은데요?"

김 감독은 그런 반박에 수긍이 가지 않았다. 어느 모로 보나 이 극은 가부장적이라고 여겼기 때문이다.

"선생님, 〈말괄량이 길들이기〉도 대본 갖고 계시죠? 저 잠깐 보여 주세요."

김 감독은 대본에서 '남편의 주권'을 강조하는, 길들여진 캐서리나의 마지막 연설 부분을 찾아 셰익스피어에게 건넸다.

"선생님, 이 대사 한번 읽어 보세요."

캐서리나 :

남편은 우리들의 주인이요, 생명이자, 보호자이시며

우리들의 머리요, 군주이십니다. (……)

아내가 남편에 대해 진 의무는

신하가 군왕에 대해 갖는 의무와 같은 것입니다.

그러니 아내가 고집이나 부리고 투정이나 부리고 쌜죽거리고

심술이나 부리면서 남편의 진술함에 순종치 않는다면

어진 군왕에 대적하는 간악한 반란군이나

배은망덕한 반역자가 아니고 뭐겠어요? (……)

왜 우리 여자의 육체가 부드럽고 연약하고 매끄러워

세상의 노고와 고생에는 적합하지 않겠습니까?

그건 우리들의 약한 체질과 감정이

외양과 어울리게끔 하기 위한 것이 아닐까요?

(5막 2장 147~169행)

"바로 이 대사가 현대의 독자나 관객에게 심한 거부감을 불러일으켰어요."

"김 감독님! 내가 쓴 그 많은 작품들 중에서 유독 왜 이 극에만 '서극(induction)'을 넣었다고 생각하세요?"

느닷없는 질문에 김 감독은 어리둥절했다. 하지만 그건 사실이었다. 셰익스피어는 이 극에만 유독 '서극'을 두고 있다. 계속해서 셰익스피어는 이 극에 대해 자세히 설명했다.

"이 서극이 전체 극을 제대로 해석하는 데 중요한 역할을 하고 있어요. 단순히 본 극을 도입하기 위해 넣은 장치가 아니라고요."

서극의 내용을 간단히 살펴보면 땜장이 크리스토퍼 슬라이가 외상값 때문에 술집 여주인과 한바탕 실랑이를 하고 나서 술에 취해 길거리에 쓰러져 잠이 든다. 사냥 갔다 돌아오던 영주가 이런 슬라이를 발견하고 장난기가 발동한다. 영주는 하인들에게 그를 자기 침대로 데려가 고급 옷으로 갈아입히고 방안에는 사방으로 그림을 걸고 아름다운 음악을 연주하게 한다. 영주는 슬라이가 잠에서 깨어났을 때 그가 원래는 지체 높은 귀족이었고, 그동안의 비참한 생활은 오랜 병 중에 겪은 허상인 것처럼 믿게 할 작정이었다.

이렇게 꾸며진 환경에서 잠이 깬 슬라이는 처음에는 자신의 본 모습을 분명히 인식한다. 그러나 주변 인물들의 조작된 언어와 행동 때문에 점차 그는 자신이 귀족이라고 믿게 된다. 그리고 〈말괄량이 길들이기〉는 이 병든 슬라이를 위해 공연하는 극 중 극이다.

이 극은 서극 슬라이의 이야기, 페트루치오가 말괄량이 캐서리 나를 길들이는 이야기, 캐서리나의 여동생 비앵카와 구혼자들의 이 야기가 서로 긴밀한 연결 고리로 짜여 있다. 이 세 이야기는 서로 병 렬과 대비를 이루면서 '가짜 정체성'이라는 하나의 큰 주제를 다양하 게 보여 준다.

본 극 속에서 말괄량이 캐서리나가 길들여지는 것은 서극에서 슬라이가 영주의 조작 때문에 가짜 정체성을 지니게 되는 것과 긴밀 한 상관관계가 있다. 슬라이가 영주 일당이 재미삼아 꾸민 조작 때 문에 허구의 정체성을 받아들이듯이, 캐서리나도 가부장 사회에서 여성들에게 요구하는 충실한 아내로 탈바꿈하는 것이다. 모두 외부 의 압력에 의해서 말이다.

페트루치오는 많은 지참금을 보고 캐서리나와 결혼하겠다고 자 청한다. 그리고 그는 결혼식 날부터 캐서리나 길들이기를 시작한다.

그녀를 마치 야생 매를 길들이듯이 굶기고 잠을 재우지 않는다. 그런데 그런 행동을 모두 캐서리나를 위해서 하는 것인 양 꾸민다. 하인들에게 캐서리나를 극진히 모시지 못한다며 온갖 트집을 잡고, 소리지르고, 욕하고, 때리는 통에 그녀는 밥도 못 먹고 잠도 자지 못한다. 또 달을 보고 해라고 하고, 노인을 보고 예쁜 아가씨라고 하는 등 온갖 억지를 부린다.

김 감독은 문득 이런 생각이 떠올랐다.

"혹시 페트루치오의 기이한 행동은 캐서리나보다 더 말괄량이 짓을 하여 그녀가 자신을 돌아보게 하려는 거 아닌가요?"

"그런 점도 없지 않아 있어요. 하지만 난 페트루치오가 처음 등장할 때부터 하인을 때리고 소동을 부리게 합니다. 또 무조건 지참금만 많으면 결혼하겠다고 우기는 장면도 넣었죠. 이런 설정을 통해 페트루치오란 인물을 우스꽝스럽게 묘사했어요. 내가 만약 남자들이 여자를 길들이는 것에 동조했다면 페트루치오를 좀 더 훌륭하게 그리지 않았겠어요?"

"듣고 보니 그렇군요."

"비앵카는 또 어떻습니까?"

"캐서리나의 여동생 말인가요? 루첸티오와 결혼하지 않나요?"

"네, 처음에는 요조숙녀 같더니만 점점 본색이 드러나죠. 극이 끝날 때쯤 비앵카는 더 이상 고분고분한 여자가 아니에요."

"맞아요, 남자들끼리 내기할 때 비앵카 때문에 루첸티오가 지게 되죠?"

"그래요. 갓 결혼한 세 남자가 남편이 불렀을 때 과연 누구 아내가 가장 먼저 올지를 두고 내기하죠. 뜻밖에도 캐서리나만 오잖아요?"

"저도 그 장면에서 좀 놀랐어요. 비앵카는 하인이 부르러 가자 오히려 남편더러 오라고 했던 거 같은데요?"

"바로 그거예요. 설사 캐서리나가 길들여졌다고 하더라도 또 다른 말괄량이가 탄생한다는 겁니다. 또 캐서리나가 길들여진 이야기 자체가 연극 아닙니까? 이 연극은 외상값 때문에 술집 여주인에게 두드려 맞는 불쌍한 남자 슬라이를 즐겁게 해 주기 위한 일종의 환상인 셈이죠. 그가 잠시 갖게 된 대감마님의 정체성이 한낱 꿈이듯 잠이 든 그가 깨어나면 다시 여자들에게 매 맞는 땜장이 슬라이가 될 거예요."

"아 그렇군요. 선생님 설명을 들으니 우리가 이 작품을 아주 잘못 이해하고 있었네요."

김 감독은 셰익스피어의 설명을 들고 나서야 비로소 그동안 셰익스피어의 여성관을 오해하고 있었다는 사실을 깨달았다.

"그런데 선생님, 왜 제가 이 작품을 제대로 이해하지 못했는지 방금 생각났어요. 제가 봤던 어떤 연극이나 영화에서도 서극 장면이 없었어요."

"그래요? 허허, 그럼 내 의도랑 완전히 다른 얘기가 되는데……."

"맞아요. 그래서 저도 작품을 달리 해석했던 거예요."

"어디, 그럼 이 공연에서는 서극을 어떻게 처리하나 좀 봐야겠는데요?"

어느덧 좁은 극장의 객석이 다 차고 공연이 시작되었다. 젊은 청년들이 왁자지껄 떠들자 술주정뱅이가 시비를 걸었다. 그는 시비 끝에 "내가 왕년에는 말이야" 하고 신세타령을 했다. 그러자 젊은 청년들이 저 술주정뱅이의 젊은 시절을 한번 상상해 보자며 〈말괄량이 길들이기〉의 본 극을 시작했다.

"선생님, 결국 이 술집 장면이 서극에 해당하는 거네요."

"그러네요. 반갑게도 이 연극에서는 내 의도대로 〈말괄량이 길들이기〉가 극 중 극으로 처리되었네요. 저 젊은 남자들이 여장하고 캐서리나와 비앵카 역할을 하는 것도 우리 때랑 똑같고요. 재미있는데요."

해설을 맡은 배우가 집 모양을 그려 보이며 "여기는 뱁티스타의 집"이라고 설명했다.

"어, 이건 선생님이 설명한 것처럼 텅 빈 무대에서 관객의 상상력에 호소하는 전략 아닌가요?"

"허허, 그렇군요. 내 공연과 똑같아요. 배우의 설명에 따라 뱁티스타의 집도 되었다가 페트루치오의 집도 되었다가."

"무대 장치가 없는 텅 빈 무대도 좋은 점이 있다니까요. 장면 변화도 쉽고 장소도 자유롭게 바꿀 수 있고."

"네, 맞아요. 내가 했던 공연도 그런 무대 특성 때문에 〈안토니와 클레오파트라〉의 42장이나 되는 장면을 쉽게 바꿀 수 있었고, 이집트와 로마를 쉽게 넘나들 수 있었지요."

공연은 좀 단순화된 것이긴 했지만, 셰익스피어의 여러 요소를 잘 살려 내었다. 객석의 관객을 불러내 나무 역할을 시킨다거나, 요리사 역을 맡게 하여 페트루치오에게 혼나게 하면서 셰익스피어 시대처럼 관객이 함께 연극을 만들었다. 계속되는 캐서리나와 페트루치오의 소란스러운 기 싸움을 보면서 〈로미오와 줄리엣〉을 볼 때처럼 시간가는 줄 몰랐다. 역시 배꼽 빠지게 웃었다.

셰익스피어는 오늘 본 두 연극에 아주 흡족해했다. 하지만 김 감독의 집으로 돌아가는 차 안에서는 은근히 걱정을 하였다.

"난 이 극에서 우리 사회의 가부장 문화를 살펴본 거예요. 그런데 많은 후대 공연과 영화에서 전체 극의 해석에 중요한 역할을 하는 서극이 사라져 버렸다니……. 그럼 나의 의도에 많은 오해가 있었겠네요."

"그러게요. 후대 연출가들이 선생님 극이 지닌 독특한 구조를 마음대로 바꿔 버려서 관객들은 선생님 의도와는 정반대의 극을 감상한 셈이네요. 심지어 18세기에는 캐서리나의 마지막 연설 부분만 떼어 내어 여성을 위한 교육용 자료로 활용했다고 합니다."

"이런, 여성 관객들이 날 아주 싫어했겠는데요?"

"하지만 〈베니스의 상인〉과 같은 작품에서는 여자를 아주 멋지게 그리셨잖아요? 그러니 선생님을 무조건 남성우월주의 작가라고 생각하지는 않아요."

오늘 하루 대학로에서의 경험은 셰익스피어에게 뿌듯함과 걱정을 동시에 안겨 주었다. 김 감독에게는 셰익스피어 시대의 극장 환경과 〈말괄량이 길들이기〉란 극에 대해 새로이 많은 것을 알게 된 하루였다.

[9] 공연이 끝나는 날짜를 지정하지 않고 계속 공연하는 것. 흥행 여부에 따라 공연이 몇 년 동안 지속될 수도 있다.

[10] 로미오와 줄리엣의 뜨거운 사랑은 단 7일간의 일이었다. 셰익스피어가 빌려 쓴 원작에서는 여러 달에 걸쳐 벌어진 이야기를 셰익스피어는 7일 동안의 사건으로 압축함으로써 사랑의 걱정을 더 극단적으로 보여 준다.

4

인간은
예나 지금이나
똑같군요

긴 하루 일정을 마친 셰익스피어와 김 감독은 소파에 앉아 편히 쉬고 있었다. 김 감독은 9시 뉴스를 놓친 탓에 하루 중 일어난 사건과 사고가 궁금했다. 그래서 뉴스 채널을 틀었다.

역시 오늘도 대형 사건이 터졌다. 모 대기업의 회장이 자살했다고 한다. 그의 주머니에서 그에게 뇌물을 받은 자들의 이름과 액수가 적힌 쪽지가 나왔다. 이 목록에 이름이 올라간 권력의 중심에 있는 사람들의 얼굴이 차례로 화면에 비쳤다. 김 감독은 대형 사고가 터질 때마다 늘 그랬듯 깊은 허탈감에 빠졌다.

"도대체 인간의 탐욕은 어디까지인지……. 저렇게 허무하게 떠날 걸."

셰익스피어가 궁금한지 물었다.

"유명한 사람인가 보죠?"

"네, 꽤 큰 기업의 회장이에요. 자수성가한 사업가로 한때 승승장구하더니 저렇게 죽어 버렸네요. 참 허망합니다."

"왜 죽은 건가요?"

"정부 사업과 연관된 비리 의혹으로 구속될 위기에 있었거든요."

"그럼 구속될까 봐 죽은 거예요?"

"단순히 그런 건 아닌 거 같고요. 아마 그동안 뇌물을 많이 준 권력층에게 도움을 부탁했나 본데, 모두 등 돌리고 모른 척하니 배신감에 사로잡힌 것 같아요."

"아, 그래서 너무 억울하여 그 사람들의 이름을 만천하에 밝히고 죽음을 택한 거네요. 인간은 정말 예나 지금이나 똑같군요!"

"맞아요, 선생님 작품에도 인간의 끝없는 야망과 탐욕, 배신, 절망, 복수가 등장하잖아요."

"전에도 말했지만, 연극이란 결국 우리 삶을 비춰 주는 거울이니까요. 내 극 속에서 펼쳐지는 여러 인간 군상의 모습은 좀 과장되긴 했지만 바로 저런 탐욕, 야망, 야합, 배신, 파멸과 복수를 모방하여 극으로 쓴 것이지요. 그나저나 내가 인간 사이의 야망과 배신에 대해서도 어느 작품엔가 쓴 게 있는데 말이죠."

셰익스피어는 잠시 생각하다가 알았다는 듯이 가방을 뒤지기 시작했다. 그리고 〈리처드 3세〉의 대본을 꺼내 책장을 넘겼다.

"아, 여기 있네요. 딱 저 사람에게 해 주고 싶은 말이네요."

셰익스피어는 흥분한 목소리로 읽기 시작했다.

헤이스팅스 :

아, 인간이 베푸는 순간의 은혜여.

우리는 신의 은총보다 그것을 더 좋지.

타인의 미소 진 얼굴이라는 공중누각에 희망을 짓는 사는

돛대에 올라간 술 취한 선원의 삶과 같다.

돛이 흔들릴 때마다 심해 속으로

곤두박질친다.

(3막 5장 96~101행)

이 대사는 에드워드 4세의 시종장이었던 헤이스팅스가 에드워드 4세
가 죽은 뒤 왕권을 가로챈 에드워드 4세의 동생 리처드에게 숙청을
당할 때 한 말이다. 권력의 녹을 먹는 것이 얼마나 허망한지를 탄식
하는 것이다.

"정말 가슴에 절절히 와 닿네요. 뻔히 이런 진실을 알면서도 어
리석은 인간들은 권력을 지닌 자들과 영합하여 출세를 위해 아부하
고 뇌물을 바치곤 하지요. 근데 〈리처드 3세〉도 권력에 눈이 먼 사람
얘기 아닌가요?"

"그렇죠. 권력에 대한 욕망 때문에 악마가 되어 버린 사람이죠.
왕이 되기 위해 어린 조카들이며 수없이 많은 사람을 죽여 버렸으니
까요."

"형도 누명을 씌워 런던탑에 가두고 결국 암살자를 보내 죽이지 않았나요?"

"내가 쓴 극 속에서는 그랬죠."

"그럼 실제 역사에서는 그렇지 않았어요?"

역사는 오랫동안 문학작품의 중요한 소재 가운데 하나였고, 셰익스피어도 역사에서 많은 이야기를 빌려 왔다. 특히 셰익스피어는 초기에 영국 역사를 다룬 극을 많이 썼다. 역사 기록을 있는 그대로 극화한 것이 아니라, 극적 효과를 위해 필요하다면 과감하게 내용을 바꾸었다.

"리처드의 형인 클래런스 공작은 실제로 형 에드워드 4세 정권에 반란을 일으켜서 처형당했어요."

"근데 왜 선생님은 무고한 클래런스 공작이 리처드의 음모에 희생되는 거로 묘사하셨어요?"

"리처드 3세의 잔인하고 사악한 성격을 좀 더 강조하기 위해서죠. 난 이 극의 스토리를 여러 역사책[11]에서 빌려 왔지만, 피를 부르는 권력의 잔혹한 속성을 보여 주기 위해 십수 년에 걸친 역사적 사실들을 짧은 기간에 벌어진 사건으로 압축했어요. 그래서 관객들은 지칠 줄 모르고 계속되는 리처드의 잔인한 음모와 계략에 몸서리치게 되죠."

"선생님이 묘사한 리처드 3세는 정말 악마의 화신 같았어요. 왕관을 차지하기 위해 정적(政敵)은 말할 것도 없고 형과 조카들을 죽이고, 나중에는 왕권을 다지기 위해 자기 아내인 왕비까지 죽이려 하잖아요."

"어떤 사람들은 내가 역사를 이렇게 맘대로 다루는 방식에 물만을 표시하기도 하지만, 난 늘 극적인 플롯을 위해 역사적 사실을 과감히 희생시키곤 했어요. 그리고 이 극에서 권력의 암투에 물든 인간의 잔인한 속성을 그려 내고 싶었어요. 리처드 3세도 점점 더 악에 물들어 가는 자신을 보며 '피는 피를 부른다'는 말을 하잖아요. 그런 리처드 3세가 헨리 튜더와 보즈워스에서 싸우다 말을 잃고는 '말을 다오, 말을. 말을 주면 왕국을 주겠다'(5막 5장 7행)고 절규하는 대목은 얼마나 아이러니합니까? 그 많은 사람의 목숨을 빼앗고 차지한 왕국을 말 한 필과 바꾸겠다니."

"결국 권력의 허망함을 그리기 위해서 리처드 3세라는 악마 같은 인간이 필요했던 거군요?"

리처드는 보즈워스 전투에서 랭커스터 집안 출신인 리치먼드 백작 헨리 튜더에게 목숨을 빼앗긴다. 헨리 튜더는 리처드 3세를 제거함으로써 영국을 오랫동안 광기 속에 몰아넣은 장미 전쟁을 끝낸다. 그리고 요크 가의 에드워드 4세의 딸인 엘리자베스와 결혼하면서 대화합을 이루고 헨리 7세로 왕위에 등극해 튜더 왕조를 연다.

"그런데 선생님, 후대 사람들이 선생님이 묘사한 리처드 3세의 모습에는 튜더 왕조의 시각이 투영되어 있다고 하던데 정말 그런가요?"

튜더 왕조에서는 시조인 헨리 7세의 집권을 미화하기 위해 리처드 3세를 대단히 부정적인 이미지로 만들었다. 그들은 리처드 3세를 육체뿐만 아니라 성격이나 도덕적인 면에서도 기형적인 괴물로 만들었다. 셰익스피어가 그린 리처드의 모습에도 이런 시각이 스며들어 있다는 것이 전통적인 관점이다. 셰익스피어는 리처드 3세를 꼽추로 그리고[12] 악을 추구하는 데 대단히 저돌적이고 단호한 인물로 그렸다. 권력을 장악하기 위해서라면 그야말로 수단과 방법을 가리지 않는 악한이었다.

"물론 내가 리처드를 악마처럼 그리고는 있지만 이게 꼭 당대의 사관을 답습한 건 아니에요. 난 리처드를 통해 정치권력의 본질을 탐구하고 싶었어요. 군주들의 위선적인 연극성과 강력한 통치 수법, 권력을 탐할수록 짙어지는 비인간적인 모습 같은 거 말이에요. 우리 여왕님도 권력을 유지하고 강화하기 위해 다양한 연극적 장치를 사용했거든요. 권력을 과시하기 위해 나라의 중요한 일로 행차할 때마다 스펙터클한 장면을 연출했어요. 어떤 때는 성모 마리아나 디아나 여신의 이미지를 빌려 처녀 여왕으로서의 이미지를 보여 주는가 하면, 전장에서는 갑옷을 입고 군인들의 사기를 돋우기도 하셨죠. 외국

사절들 앞에서는 가슴이 패인 드레스를 입어 성적 매력을 풍기기도 하셨고요."

"아, 그랬나요?"

"그렇긴 해도 당시 역사가들의 책을 보고 리처드 3세를 그려 낸 것이니 완전히 그들의 시각에서 벗어날 수는 없었겠지요."

"그런데 선생님, 권력에 대한 탐욕으로 살인을 저지르는 이야기는 〈맥베스〉도 비슷하잖아요?"

"그렇죠. 〈맥베스〉도 친척인 던컨 왕을 죽이고 왕권을 차지하지요. 왕이 된 이후로도 피의 숙청을 계속하고요."

"그러고 보니 두 작품이 아주 비슷하네요."

"그런 편이죠."

〈맥베스〉는 〈리처드 3세〉와 마찬가지로 권력이라는 헛된 야망에 이끌린 맥베스가 왕을 죽이고 왕위를 빼앗는 과정과 그것이 초래한 비극적 파멸을 그린 극이다. 〈맥베스〉도 원전이 라파엘 홀린셰드가 쓴 《영국, 스코틀랜드, 아일랜드의 연대기》로, 그중 스코틀랜드 편의 '맥베스 전기'를 바탕으로 하여 쓴 것이다.

〈리처드 3세〉에서 십수 년간의 사건을 압축하여 보여 주었듯이 이 극에서도 셰익스피어는 극적 응집력을 위해 역사를 과감히 변형했다. 예를 들어 홀린셰드의 기록에서는 맥베스가 왕권을 차지한 후

10여 년 동안 성정을 베푼 것으로 나온다. 하지만 셰익스피어의 맥베스는 바로 폭군으로 변하고 정통 왕권 계승자인 말콤 왕자에게 왕위를 빼앗기고 파멸한다. 이렇게 역사를 변형함으로써 셰익스피어는 맥베스의 범죄와 그 결과에 집중한다.

"근데 후대 사람들은 〈리처드 3세〉는 사극으로 분류하고, 〈맥베스〉는 비극으로 분류했거든요. 왜 그랬을까요?"

"글쎄요. 아무래도 〈리처드 3세〉는 초기에 쓴 작품이라 인물의 묘사가 좀 미숙해서 그런 게 아닐까요? 리처드 3세는 처음부터 끝까지 철저한 악인이라서 자신이 저지르는 온갖 만행에 대해 심리적 갈등이나 양심의 가책을 느끼지 않거든. 반면에 〈맥베스〉에서는 맥베스의 양심과 도덕적 갈등 같은 심리적 부분을 더 집중적으로 다루었어요. 그런데 홀린셰드가 쓴 책을 보면 맥베스가 성정이 좀 모질었던 거 같아요."

"선생님의 맥베스는 마음이 아주 유약하잖아요? 그래서 부인의 성화에 못 이겨 마지못해 던컨 왕을 죽이러 가는 것으로 되어 있죠?"

"네, 인물의 성격부터 원전과는 달리 쓴 거죠."

"왜 맥베스가 던컨 왕을 죽이러 가는 길에 피 묻은 단검의 환영을 보잖아요. 또 던컨 왕을 죽이고는 '더 이상 잠들지 말지어다. 맥베스는 잠을 죽였다'(2막 2장 35행)라는 환청을 듣기도 하고요. 그건 뭔가요?"

인간은 누구나 폭군이다

4

"그건 맥베스의 두려움과 죄책감이 만들어 낸 환영과 환청이에요. 엄청난 범죄를 저지르는 자들이 겪는 심리의 변화 과정을 표현한 것이죠. 바로 이런 점이 〈맥베스〉가 〈리처드 3세〉보다 발전한 극이라는 거예요. 초기에 난 인간의 심리를 파악하는 능력이 부족해서 리처드 3세를 너무 단순하고 평면적인 악당으로밖에 그리지 못했어요. 반면에 맥베스에게는 심리 변화 과정과 함께 많은 독백을 줘서 양심의 가책에 시달리는 인물로 그려 냈죠."

"아, 그런 섬세한 묘사를 통해 리처드 3세와는 달리 맥베스가 단순한 악당이 아니라 비극의 주인공으로 만들어진 거군요."

"맞아요, 난 맥베스가 악당이기보다는 불쌍한 인간으로 보이길 바랐어요. 그래서 일부러 갈등하는 독백을 많이 넣은 거죠."

"어? 그런데 선생님. 제가 보기에는 〈리처드 3세〉에도 리처드의 심리 묘사가 많았던 거 같은데요? 그도 독백을 많이 하잖아요?"

"하지만 리처드 3세와 맥베스의 독백에는 큰 차이가 있어요."

셰익스피어는 가방에서 〈맥베스〉를 꺼내 왔다. 그리고는 〈리처드 3세〉와 대사들을 비교하며 보여 주었다.

"자 이 두 독백을 비교해 보세요."

리처드:

일은 내가 저질러 놓고 먼저 법석을 떠는 거야.

그렇게 해서 이 몸이 저지른 비밀스러운 죄를

타인에게 유감스럽게 뒤집어씌우는 거야.

클래런스를 어둠 속에 처넣은 것은 나인데

순진한 녀석들 앞에서는 눈물을 흘려 보이는 거야.

(1막 3장 24~28행)

"이건 리처드가 형인 클래런스 공을 음해한 혐의를 에드워드 4세의 부인인 엘리자베스 왕비에게 뒤집어씌우려는 계획을 드러내는 독백이에요. 그의 사악한 속내를 잘 보여 주죠? 자, 다음은 맥베스와 맥베스 부인의 독백을 한번 볼까요?"

맥베스:

위대한 바다의 신 넵튠의 온 바닷물인들

이 손에 묻은 피를 씻어낼 수 있을까? 아니다.

오히려 이 손이 거대한 바다들을 진홍빛으로 만들며

푸른 대양을 붉게 물들일 것이다.

(2막 2장 59~62행)

맥베스 부인:

바라는 것은 얻었으나 만족을 얻지 못하니,

모든 걸 바쳤으나 얻은 건 아무것도 없구나.

남을 파멸시키고 불안한 즐거움 속에 사느니

차라리 파멸 당하는 편이 더 마음 편하겠구나.

〈3막 2장 4~7행〉

"앞의 대사는 맥베스가 던컨 왕을 죽이고 피가 잔뜩 묻은 손을 보면서 울부짖는 대사고요, 뒤의 대사는 맥베스가 왕좌에 오른 순간에 부인이 느끼는 허망함과 두려움을 읊은 대사예요. 맥베스 부부는 그토록 바라던 왕권을 차지한 후에 행복감과 만족감을 느끼는 것이 아니라 허망함과 죄책감, 불안감을 느끼죠. 이 독백들은 바로 그런 심정을 보여 주는 거예요."

"아, 그렇군요. 같은 독백인데도 전혀 느낌이 다르네요. 그런 차이까지는 깨닫지 못했는데. 바로 이런 깊이 때문에 〈맥베스〉는 〈리처드 3세〉와 달리 사극이 아니라 비극으로 분류되고, 4대 비극의 반열에도 오르게 된 거군요."

"그런 거 보면 후대 분들이 내 작품을 제법 잘 이해해 준 거 같네요."

"그럼요! 무려 400년 동안이나 수없이 많은 사람이 선생님 작품을 연구해 왔는데요."

"내가 그런 영광을 누리다니 좀 쑥스러운데요."

"그런데 선생님, 아까 리처드 3세는 성격의 발전이 없다고 하셨잖아요?"

"네, 뭐 처음부터 끝까지 그냥 나쁜 놈이니까요."

"재미있는 게 맥베스와 맥베스 부인은 극이 진행되면서 서로 성격이 바뀌지 않나요?"

"하하하, 김 감독님! 날카로우신데요. 그걸 눈치 채다니. 성격이 어떻게 바뀌었는지 한번 살펴볼까요?"

던컨 왕을 시해할 때 갈등에 빠지곤 하던 맥베스는 점점 저돌적이고 몰인정한 살인마로 변해 간다. 반면 왕을 시해할 때 맥베스와는 대조적으로 양심의 가책도 없이 대담하고 냉혈한 모습으로 거사를 이끌던 맥베스 부인은 왕좌에 오른 뒤에는 죄책감에 시달린다. 밀려드는 온갖 공상과 두려움으로 그녀는 결국 몽유병에 걸리고, 마음의 짐을 덜지 못한 채 스스로 목숨을 끊는다.

"허망한 야망에 쫓겨 잔인한 범죄를 저지른 맥베스 부인은 비록 왕관은 차지했지만, 마음의 평화를 찾지 못하고 괴로워하다 스스로 삶을 마감하지 않나요?"

"그게 바로 인간 욕망의 허망함이요, 권력 무상 아니겠어요? 맥베스 부인이 죽었다는 소식을 들었을 때 맥베스도 우리 인생의 허망함을 탄식하잖아요."

인간을 예나 지금이나 독같군요

4

셰익스피어는 또다시 책장을 넘기며 다음 대사를 가리켰다.

맥베스:

꺼져라, 꺼져라, 단명하는 촛불이여.

인생이란 걸어 다니는 그림자에 불과하지.

잠시 동안 무대 위에서 거들먹거리고 돌아다니거나

종종거리고 돌아다니지만

얼마 안 가서 잊히는 처량한 배우일 뿐.

떠들썩하고 분노가 대단하지만 아무 의미도 없는

바보 천치들이 지껄이는 이야기.

(5막 5장 23~28행)

맥베스 부인뿐만 아니라 맥베스의 운명도 허망하게 막을 내린다. 맥더프라는 장군과 결전을 벌이게 되는 마지막 순간, 맥베스는 "여자가 낳은 자는 절대 맥베스를 죽이지 못한다"는 마녀들의 예언에 매달린다. 그러나 맥더프는 그런 맥베스를 비웃으며 자신은 달이 차기 전에 어미 배를 가르고 나온 자라고 밝힌다. 결국 맥베스는 처음에 자신이 역모자의 목을 잘랐듯이 맥더프의 손에 목이 잘려 전시된다. 맥베스 부부의 왕권을 향한 몸부림은 떠들썩하고 소란스러웠으나 그 결말은 너무나 허망하게 끝났다.

"그런데 아까 그 대사를 보면 우리 인생을 잠깐 무대 위에서 연기하는 거에 비유하셨네요?"

"'이 세상 전체가 연극의 무대'라고 생각하고 우리 인간은 주어진 시간 동안 주어진 배역을 하다 사라지는 배우와 같다는 거예요. 플라톤 시대부터 유래된 사상이죠."

"선생님도 그런 사상에 동의하신 거예요?"

"그럼요. 내 작품의 중요한 주제 가운데 하나였는걸요."

"그래요?"

"내 작품을 공연하던 글로브 극장 지붕에는 공연이 있는 날이면 깃발이 하나 내걸렸어요. 그 깃발에는 헤라클레스가 지구를 짊어지고 있는 모습이 그려져 있었고요. 그 지구 둘레에 '이 세상 모두가 연극의 무대'라는 뜻의 라틴어 'Totus Mundusagit Histrionem'가 쓰여 있었죠."

"아, 글로브 극장이라는 이름도 해석하면 지구 극장이라는 뜻이 잖아요?"

"맞아요. 내 극엔 이 사상을 담은 대사가 아주 많아요. 그중 몇 개만 한번 읽어 볼까요?"

셰익스피어는 잠시 생각에 잠겼다. 이번에 그의 손에 들려 있는 작품은 〈좋으실 대로〉라는 희극이었다.

"이 극에 우울한 사색가 제이퀴즈라는 인물이 나오거든요. 그 사람은 우리 인생을 이렇게 생각했어요."

제이퀴즈:

이 세상은 하나의 무대

그리고 모든 남녀는 배우일 뿐

저마다 등장할 때와 퇴장할 때가 있고

한 사람은 여러 역을 맡게 되지.

(2막 7장 139~143행)

"그러고 보니 〈베니스의 상인〉에도 비슷한 대사가 나왔던 거 같네요?"

"맞아요. 그럼 그 부분도 한번 볼까요?"

안토니오:

그라쉬아노, 나는 단지 세상을 있는 그대로 여길 뿐이네.

세상은 각자 자기 역할을 하는 무대이고,

내 역할은 우울한 것이지.

그라쉬아노:

그렇다면 나는 광대 역할을 하겠네.

늙어서 주름살이 생길 것 같으면 즐거이 웃어서 생기게 하고,

생명을 단축하는 한숨 소리로 심장을 서늘하게 하기보다는

간을 따뜻하게 하겠네.

(1막 1장 77~82행)

"선생님 말씀대로라면 결국 저 회장도 다양한 역을 하다 아쉽게도 마지막에 비극적인 역을 떠안게 된 셈이네요."

정치권 인맥을 동원해 회사를 키우고 온갖 비리를 저질렀던 뉴스 속 인물은 이번에도 필사적으로 도움을 요청하며 다녔던 것 같다. 하지만 그의 마당발이 이번에는 통하지 않았다. 결국 그는 경영권을 내놓고, 담보로 맡긴 지분까지 매각하면서 모든 것을 잃었다고 앵커는 설명했다.

그의 삶은 어디서부터 꼬였던 것일까? 신문 기사를 보니 그의 삶의 발자취에 대한 일목요연한 표가 나와 있었다. 가난했던 어린 시절, 초기 사업의 성공, 부의 축적, 어린 시절의 빚을 갚기 위해 시작한 장학 사업과 수많은 기부, 대기업으로 성장, 국회 입성, 권력과의 결탁과 몰락. 결국 그는 살아생전 다양한 역할을 하다 이내 무대에서 사라진 것이다. 김 감독의 가슴에 휑한 바람이 한차례 일렁거리는 듯했다.

김 감독은 침대에 누웠지만 쉽사리 잠을 잘 수가 없었다. 난 도대체 내게 주어진 시간 동안 어떤 역을 하다 갈 것인가? 뒤척이는 김 감독의 머릿속에서 쉽사리 해답이 나오지 않았다.

오필리아의 무덤을 파고 있는 광대 장면에서 햄릿은 생각하지 않았던가? 추적하다 보면 결국 알렉산더 대왕의 존엄한 유해도 술통 마개가 되고, 줄리어스 시저의 유해도 한겨울의 찬바람이 들어오는 바람벽을 막는 흙덩어리밖에 더 되었겠냐고. 그렇다면 굳이 그들처럼 시끄럽고 요란한 삶을 살 필요가 있을까? 아니면 미물처럼 편히 살다가 흔적도 없이 잊혀지고 말 것인가? 그런 삶에도 의미는 있는 것인가? 아니면 어차피 인생은 별 의미 없이 우리에게 잠시 주어진 시간일 뿐인가?

그러다 문득 김 감독은 머리가 맑아졌다.

'그래, 난 연출가다. 셰익스피어가 던져 준 삶에 대한 이런 질문들을 좀 더 많은 사람에게 전달하는 역할, 그 멋진 역을 충실하게 살다 가자!'

[11] 라파엘 홀린셰드가 쓴 《영국, 스코틀랜드, 아일랜드의 연대기》, 에드워드 홀이 장미 전쟁을 다룬 역사서인 《고결하고 저명한 랭커스터 가와 요크 가의 결합》, 토머스 모어의 《리처드 3세의 역사》를 말한다.

[12] 리처드 3세를 꼽추로 그린 것은 튜더 왕조가 조작한 사실에 불과하다는 주장들이 제기되어 왔다. 튜더 왕조 시기에 쓰인 많은 역사서가 그를 신체적 기형으로 그리고 있기 때문이다. 그중 〈리처드 3세〉의 원전 중 하나인 토머스 모어의 《리처드 3세의 역사》에는 리처드 3세가 키가 작고 다리가 불균형이며, 등이 굽고 왼쪽 어깨가 오른쪽보다 훨씬 높은 데다 얼굴이 못생겼다고 묘사되어 있다. 그런데 최근에 리처드 3세의 것으로 확인된 유골이 발견되었고 실제로 등뼈가 심하게 휘어져 있음이 밝혀졌다.

요정 대신
도깨비라고요?

김 감독은 셰익스피어와 함께 자신이 연출한 〈한여름 밤의 꿈〉을 보러 예술의 전당으로 갔다. 가는 길에 차 안에서 두 사람은 이런저런 이야기를 나누었다.

"선생님, 저 어젯밤에 제대로 잠을 못 잤어요."

"왜요?"

"선생님이 내 준 숙제가 머릿속에서 떠나질 않아서요."

"숙제요? 무슨 숙제?"

"이 세상이 연극의 무대이고 우리가 다 배우라는 말씀 때문에 난 어떤 역을 하다 가야 하나 고민이 됐거든요."

"아, 그래요? 하하하. 그래서 어떤 역을 하다 가기로 했어요?"

"인생에 대한 좋은 메시지를 담고 있는 작품을 열심히 연출하기로 했습니다. 사람들에게 올바른 삶의 방향을 제시해 줄 수 있는 작품이요."

"와! 아주 멋진 결론을 내렸네요. 훌륭하십니다."

"그래요? 선생님이 그렇게 격려해 주시니 더 힘이 나는데요."

김 감독은 스스로 생각해도 멋진 삶이 될 것 같아 기분이 아주 좋았다. 비록 가난하고 배고픈 순간도 있겠지만, 의미 있는 삶이 될 거라고 기대하게 되었다.

"그런데 선생님 이름을 들으면 머리에 딱 떠오르는 작품이 〈햄릿〉, 〈맥베스〉, 〈로미오와 줄리엣〉 같은 비극이지만, 원래는 희극을 더 많이 쓰셨죠?"

"아마 내 작품의 절반 정도가 희극일걸요? 그 나머지가 비극하고 사극이고요."

"아, 희극이 절반이나 되나요? 정말 많이 쓰셨네요."

김 감독은 셰익스피어의 비극이 인생에 대한 심오한 성찰이 담긴 문학작품으로서 그 진가를 발휘한다면, 공연 대본으로서 진가를 발휘하는 것은 단연 희극이라고 생각했다. 기지와 재치가 넘치는 대사들로 가득 찬 희극은 활력과 생동감이 넘친다.

"당시에 아주 유명한 희극 배우들이 있었다면서요?"

"리처드 탈턴, 윌리엄 켐프, 로버트 아민 등 모두 쟁쟁한 희극 배우였죠."

"그럼 그런 배우들을 염두에 두고 작품을 쓰셨겠네요."

"네, 극단주도 그 배우들의 인기에 묻어가려고 희극 작품을 많이 요구했어요."

"희극이라고 다 웃기는 얘기만 나오는 게 아니잖아요. 비극처럼 배신, 권력 투쟁, 음모 같은 것도 나오던데요?"

"그럼요, 희극에도 인간의 어리석음과 격정으로 인해 무질서해지고 삶이 뒤죽박죽되는 갈등 단계가 있죠. 다만 어리석은 인간의 본성이 한바탕 웃음거리로 끝나느냐, 아니면 심각한 파멸로 끝나느냐에 따라 희극과 비극으로 나뉠 뿐이에요."

"그런데 비극에서는 주로 남자가 극을 주도하는데 희극에서는 여자가 더 주도적인 거 같아요, 맞나요?"

"잘 파악하셨어요. 희극 속 여성 인물들은 대단히 활력이 넘치고 재치도 뛰어나죠. 또 남성보다 성숙한 인간인 경우가 많고요."

"맞아요. 〈베니스의 상인〉에서 멋진 판결로 안토니오를 살려내는 포샤만 봐도 그래요. 돈 많죠, 예쁘죠, 똑똑하죠, 자비 넘치죠."

"하하하. 그러니 사방에서 청혼하러 몰려들잖아요. 김 감독님도 그런 여자 있으면 당장 청혼했을 텐데. 안 그래요?"

"저요? 아뇨. 저 그렇게 잘난 여자 감당 못 해요. 선생님 극에서도 남자들이 다 쩔쩔매잖아요. 반지를 줬다가 뺏었다가 하면서 남편을 쥐락펴락하잖아요."

"하긴 너무 잘난 여자랑 살면 기가 죽을 거 같긴 해요."

"그에 비하면 오필리아나 데스데모나 같은 비극 속 여주인공들은 얼마나 수동적이고 순종적이에요."

"그렇죠. 그 여자들은 별로 자신의 목소리를 내지도 못하고 희생 당하죠."

"그런데 비극과 희극 속 여성 인물을 그렇게 다르게 묘사한 특별한 이유라도 있나요?"

"글쎄요. 정말 왜 그랬지? 한 번도 그런 걸 생각해 본 적이 없어서요."

셰익스피어는 잠시 생각에 잠겼다. 차창 밖을 물끄러미 바라보다가 이내 뭔가 생각났다는 듯 무릎을 치며 말하기 시작했다.

"아, 알겠어요. 여자들이 주도적인 역할을 하는 희극들은 주로 엘리자베스 여왕님 때 쓴 거고요. 남자들이 주인공인 비극은 주로 제임스 1세 왕 때 썼네요."

"그러니까 여자가 군주일 때는 여자의 역할이 더 큰 극을 쓰고, 남자가 군주일 때는 남자의 역할이 큰 극을 쓴 거네요."

"그러게요. 나도 모르게 그렇게 썼네요."

"그러고 보면 엘리자베스 여왕 때는 유쾌한 희극이나 영국 역사극을 주로 쓰고, 제임스 1세가 왕이 되면서부터는 무거운 비극을 주로 쓰신 거네요?"

"나도 모르게 사회 분위기가 작품에 영향을 준 거 같아요."

"사회 분위기요? 그렇게 달랐었나요?"

"그럼요, 여왕님 때는 우리나라가 정말 잘나갔죠. 산업이 번창하고, 스페인 무적함대 때려 부수고, 아주 대단했어요."

"제임스 1세 때는요?"

"그분이 왕이 되면서부터 사회가 전반적으로 암울해졌어요. 국왕과 의회가 충돌하면서 분위기도 험악했고."

"모든 글에는 늘 자기가 사는 곳의 사회상과 시대상이 담기게 마련인가 봐요. 저도 다른 시대, 다른 나라의 작품을 무대에 올려도 거기에 늘 우리 사회의 문제를 얹으니까요."

"맞아요. 예술은 늘 시대의 산물이죠."

"선생님, 또 한 가지 특이한 게 선생님 희극에는 숲이 많이 등장하는 거 같아요. 제가 이번에 공연하는 〈한여름 밤의 꿈〉에는 아테네 숲이 나오고, 〈좋으실 대로〉라는 극에는 아든 숲이 나오잖아요."

"대부분의 희극이 도시나 궁정에서 시작하는데, 극이 진행되다 보면 등장인물이 거의 다 숲으로 가죠."

"그리고 또다시 도시로 돌아오고요."

"원래 사람이 모여 사는 도시나 궁정은 인간의 탐욕과 욕망이 넘쳐나는 곳이잖아요. 따라서 각종 음모와 배신의 장소이지요. 반면에 숲이나 바다 같은 자연은 어떻습니까? 자연은 인간의 병든 마음을 치유해 주는 곳 아닙니까?"

"그러니까 도시에서 생긴 갈등이 숲에서 해결되고 서로 용서하고 화해한 뒤에는 다시 도시로 돌아오는 거네요. 새사람이 되어서 말이에요."

"바로 그겁니다. 난 자연이 주는 치유력을 믿거든요."

"지금도 사람들은 휴가 때만 되면 도시에서 쌓인 피로와 스트레스를 풀러 산으로 바다로 갑니다. 요즘 다들 자연이니, 생태가 어떻다느니 떠드는데 선생님은 벌써 400년 전에 그걸 간파하셨군요."

차는 어느덧 공연장에 도착했다. 대학로의 소극장들과는 달리 크고 으리으리한 건물에 셰익스피어는 놀라는 눈치였다.

"와! 건물이 크고 웅장하네요."

"극장 내부의 시설은 더 놀라워요. 조명이나 음향, 무대 기술이 선생님 때보다 아주 발달했거든요."

극이 시작되기 전이라 김 감독은 무대 뒷편 분장실, 기계실 등을 돌며 열심히 설명해 주었다. 셰익스피어는 설명을 들으면서도 무대에서 어떤 작용을 하는지 상상이 잘 안 되는 모양이었다. 하긴 셰익스피어는 텅 빈 무대에서 별다른 무대 효과도 없이 대부분 대사로 해결했으니 아마도 직접 공연을 봐야만 이해가 될 것 같았다.

두 사람은 무대 앞 VIP석에 자리를 잡았다. 공연 첫날이라 그런지 관객이 꽤 많았다. 객석은 거의 차 있었다.

"선생님, 그런데 어떻게 이런 기발한 아이디어를 생각해 내셨어요? 요정들이 눈에 넣은 사랑의 묘약 때문에 인간들이 맹목적으로 사랑에 빠진다는 아이디어요."

"조금 황당한 설정이죠?"

"황당하기보다는 놀랍죠. 그 상상력이요."

"사랑에 빠진 사람들은 왜 그렇게 맹목적이 되는 걸까 고민하다가 갑자기 그런 아이디어가 떠올랐어요."

"우리나라 속담에도 사랑에 빠지면 눈에 콩깍지가 씌인다는 말이 있거든요. 선생님의 상상력은 정말 천재적인 거 같아요. 그 요정들 묘사한 부분하며 대단하십니다."

유령, 마녀, 요정 같은 초자연적인 존재를 작품에 많이 등장시키는 셰익스피어는 상상력이 대단한 작가로 정평이 나 있다. 그중에서도 〈한여름 밤의 꿈〉은 셰익스피어의 상상력이 가장 잘 발휘된 작품이다. 요정들의 환상적인 세계를 아주 세밀하게 묘사하고, 요정들이 사랑의 묘약으로 연인들의 사랑을 이루어지게 한다는 정말 한 편의 꿈같고 환상적인 이야기다.

"내가 이 작품에서도 썼잖아요. 시인은 상상력이 뛰어난 사람이라고. 어디 보자, 그 대사가 어디 있더라?"

셰익스피어는 공연을 보면서 대조해 보려고 했는지 〈한여름 밤의 꿈〉 대본을 들고 왔다. 곧 그 대목을 찾아냈다.

"여기 있잖습니까? 연인들한테 하룻밤 사이에 일어난 꿈같은 일들을 듣고 나서 아테네 영주가 하는 말이죠."

테세우스:

연인들이나 미친 사람들은 머릿속이 들끓는 탓인지
그런 허무맹랑한 환상을 만들어 내지만,
그것은 냉정한 이성으로는 도저히 이해할 수 없는 것이오.
광인이나 연인이나 시인은 모두 상상력으로
머릿속이 꽉 차 있는 사람들이오. (……)
시인의 상상력은 지금까지 알려지지 않은 것을 형상화하고
시인의 펜은 그들에게 확실한 형태를 만들어 주며
존재하지도 않은 것에 거처와 이름을 붙여 주는 것이오.
그런 재주는 뛰어난 상상력이 있기 때문이오.
(5막 1장 4~18행)

"난 흔히 사람들의 삶에 영향을 준다고 하는 '보이지 않는 힘'을 상상력을 동원하여 극으로 쓴 거예요. 그래서 사랑에 빠진 사람들의 이해할 수 없는 어리석은 행동을, 초자연적 존재인 요정들이 인간이 잠든 사이에 눈에 넣은 사랑의 묘약 때문이라고 설정했죠."

김 감독은 어찌 보면 다소 허무맹랑한 이 극을 한국의 전통 민담 형식으로 풀어냈다. 우리 민담에도 도깨비라는 초자연적 존재가 도깨비방망이를 이용하여 사람 얼굴에 혹을 붙였다 떼고, 가난한 사람은 부자로 만들지 않던가? 그래서 김 감독은 셰익스피어 작품 속

요정들을 모두 도깨비로 바꾸어 연출했다. 도깨비와 사람을 구별하기 위해 도깨비들의 얼굴에는 모두 회반죽 분장을 시켰다. 등장인물들은 모두 우리네 전통 의상을 입고 있다. 그야말로 셰익스피어의 이야기에 한국의 정서를 입힌 것이다.

공연 내내 객석에서는 웃음이 터져 나왔다. 셰익스피어도 자주 웃었다. 뭘 이해하고 웃으시나? 김 감독은 의아했다. 공연이 끝난 뒤 김 감독은 셰익스피어에게 물었다.

"선생님, 극이 잘 이해되셨어요?"

"네, 아주 재밌게 봤어요. 그런데 도깨비가 뭐예요? 그것들 꽤 웃기데요."

"거봐요. 도깨비 모르실 줄 알았어요."

김 감독은 도깨비와, 셰익스피어가 묘사한 장난꾸러기 요정 '퍼크'를 비교하며 설명해 주었다. 〈한여름 밤의 꿈〉에서 어떤 요정이 오베론 왕의 심부름꾼인 '퍼크'에 대해 다음과 같이 묘사한다.

내가 너의 모양새나 생김새를 잘못 본 것이 아니라면
너는 로빈 굿펠로우라는 장난꾸러기 요정이 틀림없어.
우유에 뜬 찌끼를 걷어내고,
때로는 맷돌을 돌려 시골 아가씨들을 놀래 주고,
숨죽인 아낙네들이 젓고 있는 버터를 소용없게 만들고,

때로는 술이 발효되어 생기는 거품이 생기지 않게 하거나

밤길 가는 사람을 길을 헤매게 만들고는

그 모습을 보고 웃어 대는 것이

바로 너지?

(2막 1장 32~39행)

이 대사에 의하면 우리의 일상에서 일어나는 온갖 이상한 현상은 로빈 굿펠로우라는 장난꾸러기 요정이 부리는 조화인 셈이다. 비록 이 극의 배경이 고대 아테네이긴 하지만 다루고 있는 내용은 대단히 영국적인 것이다. 특히 퍼크는 우리나라의 도깨비처럼 영국 민담에 자주 등장하는 장난꾸러기 요정이다.

"아, 그럼 도깨비는 한국의 로빈 굿펠로우군요. 짓궂게 인간사에 끼어드는."

셰익스피어는 잘 이해한 듯했다.

"그런데 김 감독님, 제 극을 조금 단순하게 보여 주신 것 같아요. 아테네 직공들이 만드는 극 중 극 내용은 싹 빠졌네요."

순간, 김 감독은 긴장했다. 원작자의 평가 아닌가. 그것도 보통 작가가 아닌, 세계 대문호의 평가라니!

"아, 네…… 뭐, 극이 너무 복잡해서 관객들이 혼란스러울까 봐 극 중 극 에피소드는 삭제했습니다."

김 감독은 셰익스피어의 눈치를 보며 더듬더듬 대답했다.

"그게 좀 아쉽네요. 그 극 중 극에 내가 연극에 관하여 하고 싶은 말들을 많이 담아 놨는데……."

원래 셰익스피어의 작품에는 아테네 직공들이 모여 만드는 아마추어 연극단이 테세우스 공작의 결혼식 날 공연할 극 중 극을 연습하는 장면과 실제로 공연하는 장면이 들어 있다. 그 극 중 극의 제목은 '피라무스와 디스비'였다. 그런데 김 감독은 사랑의 묘약과 이로 인한 사랑의 열병이란 주제에 집중하려고 이런 곁 줄거리를 생략해 버린 것이다.

"사랑의 고난이란 주제와 좀 동떨어진 거 같아서 뺏거든요……."

"그건 김 감독님이 잘못 이해하신 거예요. 〈피라무스와 디스비〉는 전체 극과 긴밀한 연관을 지니고 있어요. 부모의 반대로 사랑에 갈등이 생긴다는 것도 같고, 이를 피하고자 남녀 주인공들이 도망가는 것도 같죠. 사랑의 고뇌라는 주제를 여러 가지로 보여 주는 또 하나의 이야기였는데. 비록 직공들이 이렇게 슬픈 이야기를 우스꽝스러운 희극으로 만들어 버리지만요."

"어, 선생님 말씀을 듣고 보니 정말 그렇네요. 전 그 직공들이 연극에 대해 너무 말도 안 되는 바보 같은 소리만 하고 해서……."

"바로 그게 중요하다는 거예요. 그 사람들이 연극에 대해 말하는 그 바보 같은 소리요. 그들이 배역을 정하고 연극 연습을 하는 동안 무대 소품이나 연기에 대해 하는 토론은 어리숙하기는 하지만 연극에 대한 밀도 있는 탐구거든요. 그들의 토론을 통해 난 한 공연을 올리기까지 관련자들의 고민과 수고를 말하려고 했던 거예요."

직공들은 자살 장면을 연출하거나 사자를 등장시킬 때 귀부인들이 이맛살을 찌푸리거나 두려워할 것을 걱정한다. 그런가 하면 자신들이 공연하는 날 달이 뜨는지, 연인이 서로 사랑을 속삭이는 구멍 난 돌담은 어찌 가져올 것인지에 대해 끝없이 논의한다. 결국 셰익스피어는 연극 속에서 연극에 대해 논의하고 있었던 것이다.

"아, 그런가요? 제가 그럼 중요한 걸 놓친 셈이네요."

"그리고 그들의 어설프고 우스꽝스러운 공연을 보고 히폴리타가 투덜대자 테세우스 공작은 말하잖아요. '연극이란 아무리 잘해도 그림자에 불과한 것이오. 아무리 서툰 연극이라도 상상으로 메우면 그렇게 나쁘지는 않은 법이오.'(5막 1장 208~209행)라고 말이에요. 공작의 이 대사는 연극을 관람하는 관객의 상상력도 중요하다는 것을 일깨워 주려고 일부러 넣은 거예요."

"아, 전 그런 생각은 못 했네요. 전 도대체 선생님이 왜 이런 걸 넣은 걸까 의아했거든요. 안 그래도 극 구성이 좀 복잡한 편이니까요."[13]

"우리 시대의 연극 무대는 이 극장처럼 멋진 무대 장치도 없었고, 정교하고 사실적인 무대 배경도, 음향이나 조명 효과도 없었어요.

그냥 텅 빈 무대였기 때문에 많은 장면을 모두 배우의 대사를 통해서 관객의 머릿속에 상상력을 불러일으켜야 했어요."

"그러니 관객들도 배우들이 묘사하는 장면을 상상하면서 봐야 했겠군요."

"게다가 이 직공 중에 보텀이라는 자의 머리를 퍼크가 장난삼아 당나귀 머리로 바꾸잖아요. 그리고 오베론 왕이 넣은 사랑의 묘약 때문에 티타니아 요정 여왕이 이 괴물한테 한눈에 반합니다. 이건 그야말로 사랑의 맹목성을 가장 극단적으로 보여 주는 거죠. 초자연적인 존재인 요정 여왕과 인간 중에서도 아주 미천한 자, 그것도 당나귀 머리를 한 괴물의 사랑을 통해서요."

'아차! 큰 것을 놓쳤구나.'

김 감독은 셰익스피어의 극이 대단히 유기적으로 연결되어 있다는 것을 잘 알고 있었다. 하지만 이 정도로 치밀하게 모든 에피소드가 사랑의 맹목성이라는 주제로 연결되어 있다고는 생각하지 못했다. 김 감독은 부끄럽기도 하고 미안하기도 했다. 그는 겸연쩍게 머리를 긁적이며 물었다.

"선생님, 크게 실망하셨겠네요……."

"아니, 좀 섭섭한 구석은 있지만 아주 재밌게 잘 봤어요. 특히 요정 대신 도깨비를 등장시켜 한국의 정서로 연출한 것은 아주 신선했어요. 내 작품이 다른 문화에서 새로운 형태로 탄생하는 걸 보니 감동적이기도 하고요."

"그런 점에서 본다면 이 작품은 선생님이 생각지도 못할 일을 했어요."

"에, 그건 또 뭐예요?"

"요즘 전 세계에서 결혼식을 할 때 늘 울려 퍼지는 결혼 행진곡이 있거든요? 따다 다단, 따다 다단, 따다 다단, 따다 다단, 따다 다단, 딴~따다 딴딴따다……."

김 감독은 멘델스존의 결혼 행진곡을 입으로 불렀다.

"그런데요? 그게 이 극이랑 무슨 상관이 있나요?"

"멘델스존이라는 세계적인 작곡가가 선생님의 이 극을 읽고 극음악[14]을 썼거든요. 그중 하나가 테세우스 공작 부부와 젊은 아테네 귀족 두 쌍의 합동결혼식 장면에 삽입된 결혼 행진곡이에요. 그런데 그 곡이 전 세계가 쓰는 결혼 행진곡이 된 거죠."

"우와! 정말이에요? 내 작품이 그렇게 엄청난 곡에 영감을 줬단 말이에요? 김 감독님, 결혼 언제 하실 거예요? 결혼식에 나 좀 꼭 초대해 주세요. 그 곡 좀 들어 보게요."

"하하하, 선생님 농담도 잘하시네요. 제가 결혼하게 되면 선생님을 꼭 초대하고말고요. 그런데 다시 시공간을 넘어서 이곳에 오실 수 있을까요?"

"하긴, 그렇네요."

"아무튼 선생님은 정말 세계 문화를 풍요롭게 해 주셨어요. 저도 이 극을 한국의 정서로 재해석했지만 저만 그런 것이 아니라 모든 나라의 극작가들이 다 그렇게 하거든요."

"정말 고마운 분들이네요. 내 작품을 그렇게 잘 활용해 수다니."

"그게 다 선생님 작품이 지닌 보편성 때문이죠. 어느 시대, 어느 문화에도 옮기는 게 가능한 보편성이요."

"아이고, 무슨 그런 과찬의 말씀을 하십니까."

셰익스피어는 대답은 그렇게 했지만 아주 흐뭇한 표정이었다. 김 감독도 원작자 앞에서 자신의 연출을 평가받는 부담감에서 벗어나 홀가분한 기분이 들었다. 그리고 두 사람은 아름다운 서울의 야경을 감상하며 집으로 돌아왔다.

[13] 〈한여름 밤의 꿈〉은 요정 왕 오베론과 요정 여왕 티타니아의 사랑, 아테네 군주인 테세우스와 히폴리타의 사랑, 아테네 귀족 자제들의 사랑, 아테네 직공들이 공연하는 극 중 극 속의 피라무스와 디스비의 사랑 등 서로 다른 계층에 속하는 연인들의 서로 다른 사랑 이야기가 대비를 이룬다. 셰익스피어는 다양한 원전에서 이야기들을 끌어와 긴밀한 상호 관계 속에 사랑의 어려움과 극복이라는 주제를 변주했다.

[14] 독일의 음악가 멘델스존은 〈한여름 밤의 꿈〉을 읽고 불과 17세였던 1826년에 〈한여름 밤의 꿈〉의 '서곡'을 작곡했다. 그리고 1843년에 프러시아 국왕 빌헬름 4세의 요청에 의하여 이 극을 위한 나머지 음악을 작곡하게 되어서 총 12곡을 만들었다. 이 가운데 〈결혼 행진곡〉은 바그너의 〈혼례의 합창〉과 함께 오늘날 결혼식에서 늘 연주되는 명곡이다.

6

한국 독자의
오해를 풀다

김 감독은 셰익스피어가 뜻밖에 서울에 오게 된, 하늘이 준 이번 기회를 놓칠 수 없었다. 그래서 세계적인 대문호를 자신의 강의에 특별 초빙했다. 대학교 2학년 학생을 대상으로 개설된 김 감독의 〈연극의 이해〉 강의는 30여 명의 수강생이 듣고 있었다.

김 감독은 셰익스피어가 도착한 이튿날 그에게 특강을 부탁했고 셰익스피어는 흔쾌히 승낙했었다. 그래서 미리 학생들에게 이번 주 수업을 특강으로 대체한다는 메일을 보내 두었다. 초청 강사의 이름은 밝히지 않았다. 셰익스피어가 초청 강사라고 말해 봐야 학생들이 믿지도 않을뿐더러 놀란 학생들이 답 메일을 보내 오면 일일이 답변하느라 골치만 아플 테니.

셰익스피어와 함께 강의실에 들어갔을 때 학생들은 뜨악한 표정을 지었다. '뭐지?' 하는 호기심 어린 표정이었지만 이내 알겠다는 눈빛이었다. 영미권의 연극배우가 셰익스피어 분장을 하고 들어왔다고 이해하는 눈치였다. 그래서 김 감독이 걱정한 것처럼 매우 놀라거나 큰 소동이 벌어지지는 않았다.

문제는 오히려 그 뒤였다. 학생들에게 셰익스피어를 소개했지만 아무도 믿으려 하지 않았다. 연신 "에이~" 소리만 하고 농담 그만하라는 태도였다. 김 감독은 화도 내고 소리도 질러 봤지만, 학생들에게 이 사람이 정말 400년 전에 죽은, 그 유명한 4대 비극을 비롯한 38편의 극을 쓴 세계적인 대문호 셰익스피어임을 입증할 방법이 없었다.

셰익스피어가 들고 온 공연 대본과 도버 해협에서 칼레 해협까지의 배표 등을 보여 주었지만, 학생들은 그 모든 것을 연극의 소품 정도로 생각했다.

김 감독과 셰익스피어는 학생들을 설득하는 걸 포기했다. 그리고 그냥 특강을 시작했다. 셰익스피어는 주로 자신의 연극 철학을 작품에 대입하여 설명했다. 실제 작품 속 대사를 예로 들어 낭독하기도 했다.

특강을 들으면서 처음에는 셰익스피어를 배우라고 생각했던 학생들도 점점 태도가 바뀌었다. 이번에는 그가 중세 시대 복장을 하고 온 셰익스피어를 연구하는 학자라고 생각했다. 강연이 진행될수록 학생들은 진지해졌다. 처음에는 배우의 연기를 보고 있다고 생각하던 학생들이 하나둘 노트 필기를 시작했다. 약 30분간의 강연을 마치고 질의응답 시간이 이어졌다.

"자, 여러분 강연 잘 들었나요? 아직도 이분이 셰익스피어 선생님이 아니라고 생각하세요?"

한 학생이 손을 들고 겸연쩍게 질문했다.

"저 선생님, 진짜 셰익스피어 선생님이세요?"

"네, 저 셰익스피어 맞아요. 믿기지 않겠지만."

그러자 옆에 앉은 학생이 바로 질문을 이어 갔다.

"그런데 어떻게 환생하신 거예요?"

"환생이요? 저 죽지 않았어요. 도버 해협을 건너는 배를 타고 잠들었다가 깨어나니 여기 와 있더라고요."

김 감독은 자기도 믿어지지 않는 상황을 학생들에게 설명했다.

"믿어지지 않겠지만, 셰익스피어 선생님 말씀은 사실이에요. 아마 시공간이 뒤틀리면서 미래의 우리나라로 오시게 된 거 같아요. 나도 이 상황을 과학으로 설명할 수는 없지만, 이 귀한 시간을 허비하지 말았으면 해요. 그동안 셰익스피어를 공부하면서 궁금하거나 의아했던 점을 질문해 주세요. 얼마나 귀한 기회인가요? 셰익스피어 선생님에게 직접 답변을 들을 수 있는."

그러자 한 학생의 손이 번쩍 올라갔다. 평소 수업 시간에 엉뚱한 질문을 자주 하는 학생이었다.

"선생님의 극은 신화나 성경, 역사책, 민담이나 전설 등에서 유명한 이야기들을 빌려 온 것으로 알려졌습니다. 심지어 남이 쓴 극을 개작하여 올리기도 했다고 배웠습니다. 그런 건 표절 행위 아닌가요? 아니 적어도 독창적인 이야기를 창조해야 하는 예술가로서 비양심적인 행위 아닌가요?"

셰익스피어는 다소 도발적인 질문에 담담하게 대답했다.

"내가 사는 시대는 다들 그러는걸요. 우리 시대에 연극은 대단히 인기가 있어서 극장들은 쉴 새 없이 새로운 작품을 올려야 합니다. 당연히 극작가들은 레퍼토리에 대한 압박이 심했고요. 그래서 말씀하신 대로 신화나 성경, 역사책 등에서 유명한 영웅 이야기나 군주들의 이야기를 빌려다 극을 신속히 써냈어요. 물론 서로 다른 작가들이 이미 공연한 극을 개작하여 올리기도 했고요. 극단주들은 어떤 연극이 히트하면 그거하고 비슷한 작품을 써내라고 닦달했거든요."

질문한 학생이 살짝 이해가 간다는 듯이 고개를 끄덕였다.

"하지만 그렇다고 남의 이야기를 그대로 무대에 올린 건 아니에요. 주로 이야기의 뼈대만 빌려 오고 거기에 살을 붙이고 다른 이야기를 덧붙여서 거의 새로운 작품으로 만들어 냈어요. 예를 하나 들어 볼게요. 내가 쓴 장편 설화시인 《비너스와 아도니스》는 오비디우스의 〈변신 이야기〉를 비롯한 고전 신화에 등장하는 '비너스와 아도니스' 이야기에서 소재를 빌려 온 거예요. 그 신화들 속에서 중년의 여신 비너스와 아름다운 청년 아도니스는 서로 사랑을 나누고 함께

사냥하러 다닙니다. 그런데 난 그 이야기를 비틀었어요. 중년 여성인 비너스가 미소년 아도니스에게 매달리고 아도니스는 그녀의 사랑을 강력히 거부하는 것으로 말입니다. 그런 변형을 통해 어떤 효과를 기대했을까요?"

셰익스피어는 생각할 시간을 주려는 듯 잠시 쉬었다가 말을 이어 갔다.

"난 당대 연애 시의 전통을 뒤집은 겁니다. 당시 유행하던 연애 시에서는 여성들이 사랑을 하면 늘 수동적인 역할만 했거든요. 그런데 내 시에서는 여성들이 적극적으로 사랑하고 욕망하죠."

그때 갑자기 김 감독이 끼어들었다.

"정리하자면 셰익스피어 선생님은 남의 작품을 그냥 베낀 것이 아니라 이야기와 이야기를, 장르와 장르를, 옛 사상과 새로운 사상을 혼합하여 새로운 이야기, 장르, 사상을 만들어 낸 겁니다. 선생님의 작품은 서로 다른 시대, 서로 다른 나라의 신화, 역사, 문화가 뒤섞여 새로운 세계가 창조되는 용광로였다고 할 수 있겠죠. 그런 걸 '표절'이라고 말하기는 곤란하지 않을까요?"

그러자 셰익스피어가 김 감독의 의견에 이의를 제기했다.

"아니 내 작품 중 어떤 것들은 원전에 정말 많이 의존하기도 했습니다. 예를 들어 〈줄리어스 시저〉나 〈안토니와 클레오파트라〉 같은 로마 극들은 《플루타르코스 영웅전》을 많이 따라 썼습니다. 하지만 그 외의 작품들에서는 대체로 이야기를 여러 원전에서 빌려와 유기적이고 극적으로 엮어내려고 노력했습니다."

이때 김 감독이 다시 끼어들었다.

"그리고 요즘도 그런 일 많잖아요? 소설이나 만화가 히트하면 그걸 바탕으로 TV 드라마나 영화를 만들잖아요. 웹툰이 인기를 얻어서 드라마로 만들어진 경우도 있고요. 자 질문한 학생, 답변이 되었나요?"

"네, 감사합니다. 그러고 보니 요즘도 그런 일들이 벌어지고 있었네요."

"자, 그럼 다음 질문으로 넘어갈까요?"

뒷좌석에 앉아 있던 한 학생이 약간 주저하는 목소리로 질문했다.

"저기요, 선생님은 아리스토텔레스 같은 고대 문예학자들이 주장한 고전 규범을 지키지 않으시는 편이잖아요? 그래서 어떤 비평가들은 선생님을 '학식이 부족한 무식한 천재'라고 하던데. 혹시 고전 규범을 지키지 않은 특별한 이유가 있나요? 아니면 정말 고전 규범을 모르셨나요?"

셰익스피어는 그 학생의 질문을 들으며 씩 웃었다.

"방금 《비너스와 아도니스》 얘기를 할 때 말씀드렸듯이 난 내용이나 주제에서 새로운 시도를 많이 했습니다. 또한 형식에서도 다양한 실험을 했습니다. 당시 유럽의 문학은 고전 규범에 얽매여 대단히 형식적이고 단조로웠거든요. 내가 말하는 고전 규범이란 아리스토텔레스나 호라티우스와 같은 고전 작가들의 시론입니다. 난 그런 고전 규범에서 자유롭게 일탈하여 극에 생기와 활기, 상상력을 불어 넣었습니다."

질문한 남학생이 다시 말했다.

"그 규범들에 대해 좀 더 구체적으로 말씀해 주시겠어요?"

"아, 그러죠. 우선 난 삼일치 원칙에 얽매이지 않았습니다. 삼일치 원칙이란 연극이 관객들에게 있을 법한 이야기로 느껴지려면 지켜야 한다고 여겼던 세 가지 원칙입니다. 첫째, 극이 다루는 시간이 하루를 넘지 않아야 한다는 시간의 통일. 둘째, 한 장소에서 이루어져야 한다는 장소의 통일. 셋째, 일정한 길이의 한 사건이어야 한다는 행위의 통일입니다. 그런데 전 〈안토니와 클레오파트라〉에서는 로마 제국과 이집트를 오고 가며 사건을 전개해 장소의 일치를 깼습니다. 그리고 〈리어 왕〉에서는 리어 왕과 세 딸을 중심으로 한 주된 플롯과 글로스터 백작과 아들들의 이야기인 부차적인 플롯으로 구성하여 하나의 사건만 다루어야 한다는 원칙에서 벗어났습니다. 또 〈겨울 이야기〉라는 극에는 16년이라는 엄청난 시간의 공백기를 두었습니다. 그리고 나는 이런 원칙들에서 자유롭게 벗어났다는 것을 공공연히 작품 속에서 밝혔습니다. 잠시만 기다려 보세요."

셰익스피어는 〈헨리 5세〉를 꺼내 프롤로그에 나오는 다음 대사를 큰소리로 읽었다.

> 이들로 하여금 자유자재로 장소를 바꾸게 하고,
> 시간을 뛰어넘게 하고,
> 여러 해 사이의 대사건을
> 모래시계의 겨우 두어 시간 사이의 사건으로 만드는 것 또한
> 관객 여러분의 상상 여하에 달려 있습니다.
>
> (프롤로그 28~31행)

"이렇게 연극이 관객에게 정말 실제처럼 보이기 위해 따라야 하는 편협한 고전 규범에서 벗어나 자유자재로 극을 씀으로써 오히려 연극은 허구라는 사실을 관객에게 일깨워 줬습니다."

그러자 질문한 학생이 되물었다.

"그럼 선생님은 고전 규범을 모른 게 아니라 일부러 그 규범에서 일탈하신 거네요."

"그렇죠."

김 감독은 이번에도 셰익스피어의 말을 거들고 싶었다.

"영국 내에서 선생님이 영웅처럼 숭배된 것은 바로 이런 독특한 특징 때문이었습니다. 물론 고전 규범을 중시했던 신고전주의 시대에는 그게 비난의 대상이 되었지만요. 선생님 작품이 지닌 독특한 특

징은 곧 영국 문화의 특징이 되었어요. 그래서 우리가 '영국성'이라고 말하면 그것은 인위적인 형식미가 아니라 자연스러운 자연미를 가리키게 되었습니다. 대문호인 괴테는 고전 규범에 묶여 있다가 셰익스피어를 만났을 때 '이제 내게 장소의 일치는 감옥처럼 짜증나는 것이 되었고, 시간과 행위의 일치는 상상력에 지워진 족쇄 같았다'고 말했습니다."

질문한 학생이 이해가 간다는 표정으로 물었다.

"그럼 고전 규범을 잘 지킨 극이 아름답게 가꿔진 정원이라면, 선생님의 작품은 자연스러운 원시림 정도로 이해하면 되겠네요?"

"어, 그거 아주 근사한 비유인데요. 안 그래요, 선생님?"

"뭐, 그런 셈이죠."

셰익스피어는 이런 비유가 좀 쑥스러운 듯했다. 이후로도 몇 가지 문답이 이어졌다. 학생들은 셰익스피어와 김 감독이 질문에 답변하는 내용을 들으면서 점점 '저 사람이 진짜 셰익스피어인가?' 하고 생각하는 것 같았다. 그러면서도 여전히 믿을 수 없다는 표정이었다. 앞에 앉아서 조용히 듣기만 하던 한 학생이 손을 들고 일어섰다. 그리고는 기어들어가는 목소리로 말했다.

"선생님, 저…… 사인 좀 부탁해도 되나요?"

이 말에 학생들은 기다렸다는 듯이 저마다 사인 받을 다이어리나 공책을 들고 줄을 섰다. 교과서를 들고 나온 학생도 있었고, 한 남학생은 입고 있는 셔츠에 사인을 받았다. 사인회가 다 끝난 뒤 김 감독은 강의를 정리했다.

"여러분, 셰익스피어 선생님과의 만남, 유익했습니까?"

"네, 여러 비평서를 읽으면서 궁금한 게 많았는데 선생님께 직접 답변을 들어서 아주 좋았습니다."

강의실 맨 뒤에 앉은 한 남학생이 큰소리로 외쳤다.

"하하하, 그건 나도 마찬가지입니다. 나도 선생님에 대해 왈가왈부하던 의견들을 선생님의 입장에서 직접 듣고 나니 참 후련하네요. 선생님도 소감 한 말씀 하시죠?"

"제 작품에 대한 많은 오해를 해명할 수 있는 기회가 주어져 참 다행이라고 생각합니다. 이런 자리를 마련해 주신 김 감독님께 정말 감사드립니다."

"네, 저도 귀한 시간 내 주신 선생님께 감사드리고요. 멋진 질문을 해 주신 우리 학생들에게도 감사드립니다. 자 그럼 셰익스피어 선생님 특강은 여기서 마무리 짓겠습니다. 여러분, 내일 강당에서 열리는 셰익스피어 소네트 낭송회에도 많이들 와 주세요. 선생님 송별 파티도 함께 열리니까요."

학생들이 다 떠난 뒤 두 사람도 강의실을 나섰다.

"학생들이 참 뛰어나군요."

"연극하는 사람에게 선생님 작품에 관한 연구는 필수입니다. 선생님은 연극인들에게는 넘어야 할 큰 산인 셈입니다."

"이렇게 오랜 세월 동안, 내 작품이 읽히고 연구되리라고는 상상도 못 했어요."

"당황스러운 질문도 있었죠?"

"그런 것도 있었지만 이렇게 다양하게 제 작품을 분석하다니, 정말 놀랍네요. 새삼 부끄럽기도 하고요. 이렇게 많은 분이 내 작품을 헤집고 있을 줄 알았다면 좀 더 공들여 쓸 걸 그랬어요. 난 그저 어떻게 하면 재밌는 레퍼토리를 써서 관객을 끌어모을 수 있을까만 생각했거든요."

"선생님 지금 자랑하시는 겁니까? 그냥 막 써도 최고라고요?"

"하하하, 그게 그렇게 되나요?"

김 감독은 집에 가기 전에 셰익스피어에게 광화문과 경복궁 등 서울 시내를 구경시켜 주기로 하고 발걸음도 가뿐하게 걷기 시작했다.

광화문에서
영웅 이순신을
보다

김 감독과 셰익스피어는 경복궁을 먼저 둘러보았다. 차갑고 딱딱한 대리석과 하늘로 치솟은 뾰족탑이 위압감을 주는 서양식 건물과는 달리 유려한 곡선과 화려한 단청이 장식된 단아한 건물 양식에 셰익스피어는 깊은 인상을 받는 듯했다.

"참, 뭐라 표현하기 힘든 묘한 아름다움이 있네요. 부드럽고 여성스러우며 신비롭다고나 할까요?"

김 감독은 잘 알지 못하지만, 안내판을 봐 가며 나름 열심히 궁에 대해 셰익스피어에게 설명했다.

"선생님, 이 궁은요, 1395년 태조 대왕 때 창건되었어요. 경복궁이라고 하는데 왕과 왕의 자손, 그리고 온 백성이 태평성대의 큰 복을 누리기를 축원한다는 뜻이래요."

셰익스피어는 김 감독의 설명에 귀를 기울이는 것 같지 않았다. 너른 마당에 하늘로 날아오르는 듯한 처마를 가진 단아한 건물에 완전히 몰입하고 있었다. 김 감독도 셰익스피어가 건물을 감상하는 걸

방해하지 않으려 말을 아꼈다. 그렇게 걷던 두 사람은 근정전 앞에 다다랐다.

"이곳이 경복궁의 주요 건물인데요. 왕의 즉위식을 거행하거나, 신하들이 임금에게 새해 인사를 드리거나 하는 국가 의식을 거행하던 곳이에요. 외국 사신도 여기서 맞이했고요. 근정전이라고 하는데 '부지런히 나랏일을 돌보는 곳'이라는 뜻이래요."

"허허, 건물 이름에 위정자의 태도가 어떠해야 하는지를 지엄하게 담고 있네요."

"네, 선생님도 여러 극에서 위정자의 올바른 태도가 무엇인지 자주 논하시잖아요."

"많은 극에서 정치에 대해 논했죠. 좋은 위정자의 상도 제시하고 그렇지 못한 예도 제시하고요. 그런데 주로 위정자의 잘못된 점을 많이 그렸던 거 같아요. 예를 들어 〈리어 왕〉에는 권력자의 독선적인 모습을 담아냈고, 〈자에는 자로〉에 나오는 안젤로라는 대행자에게는 법을 왜곡하여 남용하는 모습을, 〈리처드 3세〉에는 권력자들의 위선을 담아냈죠."

두 사람은 이야기를 나누며 경회루 앞에 이르렀다.

"와, 저 아름다운 건물은 또 뭔가요?"

"저건 연회를 베풀던 누각이에요."

"연못 위에 떠 있네요."

"네, 인공으로 조성한 섬에 누각을 세운 겁니다."

"아름다운 연못과 주변의 풍광을 바라보며 풍류를 즐기던 곳이군요. 멋진데요?"

김 감독은 이런 아름다운 조선의 궁궐을 일본 강점기에 조선 총독부가 어떻게 훼손했는지를 아픈 역사와 관련지어 설명했다.

궁 안을 두루 돌아본 다음 김 감독은 광화문 쪽으로 셰익스피어를 안내했다. 곧 세종대왕 동상이 나타났다.

"왕의 동상인가 보죠?"

"네, 우리나라 사람들이 가장 존경하는 세종대왕입니다."

"그래요? 어떤 업적을 남겼는데요? 손에 책을 들고 있는 거 같은데요?"

"맞아요. 우리나라 문자인 한글을 만들고 이를 널리 알리고자 여러 책을 출간하셨어요. 덕분에 백성들이 쉽게 읽고 쓸 수 있게 됐죠."

"아주 어진 임금이셨나 보네요. 어쩐지 동상의 얼굴이 위엄이 있다기보다 온화한 표정이더니만."

"워낙 학문을 사랑해서 집현전이란 기구를 만들고 학자를 가까이하기도 하셨어요. 농사에 도움을 주기 위해 해와 달, 별의 운행을 측정하는 천문기구도 개발하고요."

김 감독은 동상 앞에 설치된 혼천의를 가리키며 말했다.

"저게 바로 그 천문 관측기구예요. 천체의 운행과 위치를 측정하던 천문 관측기로 정인지, 장영실 같은 학자들이 왕의 명령을 받아 제작한 거예요."

"학문 장려에 과학 기술까지 발달시켰다니. 정말 훌륭한 왕이셨네요. 언제쯤 재위하셨어요?"

"네? 그건 저도 잘 모르는데, 잠깐만요."

김 감독은 얼른 세종대왕 연보를 보러 뛰어갔다 왔다.

"1418년에 아까 우리가 본 근정전에서 즉위하셨대요."

"그래요? 거참 신기한데요. 우리나라에도 마침 그때 왕위에 있었던 헨리 5세가 사람들이 가장 존경하는 왕이거든요. 헨리 5세는 1413년인가? 그때 즉위했는데."

"어, 정말 비슷한 시기네요. 맞다! 그 왕이 바로 〈헨리 4세〉에 등장하는 핼(헨리 5세의 애칭) 왕자 아니에요?"

"맞아요. 나도 그 왕을 아주 좋아해서 그분이 나오는 극을 세 편이나 썼어요."

"세 편이나 되나요?"

"아까 말씀하신 〈헨리 4세〉를 1부, 2부 썼고요. 〈헨리 5세〉도 썼어요."

"저 〈헨리 4세〉 정말 재밌게 읽었어요. 사극도 이렇게 웃기게 쓸 수 있구나 생각했거든요."

"그렇죠? 정말 웃기죠? 그래서 내 극들 중에서 인기 있는 극 중 하나였어요."

"그럼 〈헨리 4세〉에서는 왕자 시절을 그리고, 〈헨리 5세〉에서는 왕 시절을 그린 건가요?"

"그렇죠."

"잠깐만요. 핼 왕자의 아버지 헨리 4세는 리처드 2세를 무혈 혁명[15]으로 몰아내고 왕위를 차지한 왕이죠?"

"네, 맞아요."

"세종대왕의 아버지였던 태종도 거의 비슷하게 왕이 됐는데. 태종의 형이었던 정종이 동생이 무서워 즉위 2년 만에 왕좌를 내주고 상왕(살아 있으면서 왕위를 물려준 왕)이 되거든요. 그것도 일종의 무혈 혁명이잖아요?"

"그랬어요? 아버지가 무혈 혁명을 통해 왕권을 잡은 게 비슷하네요?"

"근데 〈헨리 4세〉를 보면 핼 왕자가 아주 망나니 같던데요? 저잣거리의 건달들과 어울려 다니면서 술 마시고 실없는 농담이나 하고."

"하하, 강도질도 하죠."

"어떻게 왕자가 그런 짓을 하게끔 쓰셨어요? 실제로 그랬나요?"

"좀 과장된 건 있지만 생판 내가 지어낸 건 아니에요. 토머스 월싱엄이란 당시 성직 서기가 실망스럽던 핼 왕자가 왕이 되면서 갑자기 새로운 사람으로 바뀌었다고 쓴 기록이 남아 있고요. 핼 왕자가 사법 장관과 다툰 그 유명한 사건[16]은 1531년에 토머스 엘리엇 경이 처음 언급했어요."

"아, 그런 기록들을 근거로 선생님이 핼 왕자 캐릭터를 만드신 거군요. 그런데 핼 왕자와 못된 짓을 하는 무리 중에 폴스태프라는 정말 웃긴 사람이 있잖아요? 그 사람도 실존 인물인가요?"

"존 올드캐슬 경이라는 사람이 헨리의 친구였다는 기록이 남아 있어요. 그 사람이 바로 폴스태프의 모델이죠. 내가 〈헨리 4세〉 이야기를 빌려 온 작자 미상의 《헨리 5세의 유명한 승리》라는 책에서 올드캐슬이 핼 왕자의 친구로 잠시 등장하거든요. 실존했던 올드캐슬은 종교 개혁가였던 존 위클리프의 영향을 받아 위클리프파가 돼요. 그래서 1414년에 이단자로 체포되고 헨리 5세 재위 중에 반란을 주도한 죄로 1417년에 화형을 당했어요. 내가 쓴 〈헨리 4세〉 2부에서도 헨리 5세로 등극한 뒤 핼이 오랜 친구 폴스태프를 단호히 부인하잖아요."

"아, 그럼 폴스태프도 선생님이 창조한 인물이 아니군요. 그 사람 때문에 〈헨리 4세〉는 사극인지 희극인지 헷갈려요."

"좀 그런 경향이 있죠? 난 올드캐슬을 모델로 하긴 했지만 폴스태프를 아주 새롭게 만들어 냈어요. 그는 거짓말쟁이, 좀도둑에 허풍쟁이이고 술주정뱅이예요. 한마디로 '본능'에 충실한 인물이죠. 그는 오로지 본능이 지시하는 대로 먹고 마시고 쾌락을 탐닉하며 살아갑니다. 인생에 대한 애착이 아주 강하면서도 절대 진지해지기를 거부하죠."

"맞아요. 능청맞기 그지없고 재치와 해학도 넘치고. 저도 읽으면서 분명 악한 인물인데 극 속에서 그가 뿜어내는 활력이 대단히 매력적으로 느껴지더라고요."

〈헨리 4세〉는 셰익스피어의 사극 중 희극 장면이 가장 두드러진다. 그리하여 폴스태프라는 문학 역사상 잊을 수 없는 희극 인물을 낳았다.

"후대 사람들 사이에서도 그 주정뱅이 허풍쟁이 늙은 기사가 선생님이 창조한 인물 중 가장 큰 인기를 얻었어요."

"후대 분들이 정말 날카로운 시각을 지녔네요. 내가 그 인물에게 많은 역할을 부여했거든요. 뛰어난 위트와 유머로 어둡고 무거운 역사 이야기에 밝고 가벼운 희극의 안도감을 주고도 싶었고, 무엇보다 그의 입을 통해 정치를 신랄하게 풍자했어요. 폴스태프의 역할이 단순히 희극의 차원에만 머무르는 것이 아니라, 주요 인물의 성격이나 위선 등을 풍자하는 역할도 한 셈이죠. 아, 그 사람이 '명예'에 대해 논하는 대사 한번 볼래요?"

셰익스피어는 김 감독이 들고 있던 가방 속에서 〈헨리 4세〉 1부를 꺼냈다.

그러나 생각해 보자. 만약에 그 명예 때문에 내가 찔리면 어떻게
되나? 명예가 내 발을 원상태로 돌려놓는가? 아니다. 그럼 팔은?
아니다. 상처의 아픔을 제거해 주는가? 아니다. 그렇다면 명예는
외과 기술이 없는가? 없다. 그러면 명예는 무엇인가? 단어이다. 그
러면 명예라는 단어 속에는 무엇이 들어 있는가? 그 명예라는 놈
은 무엇인가? 공기다. 멋진 말이로구나. 그 명예를 가진 자가 누구
인가? 지난 수요일에 죽은 놈이다. 그는 명예를 느끼는가? 아니다.
듣고 있는가? 아니다. 그렇다면 그건 느낄 수 없는 거로구나? 그렇
다. 죽은 자에게는. 그렇다면 살아 있는 인간에게는 명예가 살아
있는가? 아니다. 왜? 세상 악담이 가만두질 않기 때문이다. 그래
서 난 명예 따윈 필요 없다. 명예는 명찰일 뿐이다. 이것으로 나의
교리문답은 끝이다.

(1부 5막 2장 130~140행)

"결국 명예는 우리에게 아무짝에도 쓸모없다는 말이군요."

"네, 극 속에서 명예욕에 사로잡힌 사람들을 풍자한 거예요."

셰익스피어는 김 감독에게 폴스태프의 역할을 계속 설명했다. 반
란군을 진압하기 위한 모병 임무가 맡겨졌을 때, 그는 뇌물을 받고
멀쩡한 사람은 빼 주고 송장 같은 자들만 징집한다. 그러고 나서 그
부대의 처참함을 언급하는 핼 왕자에게 그들이 "총알받이와 묘지 구

덩이 채우기에 가장 적당한 자들"(1부 4막 2부 65~66행)이라고 말한다. 전투가 끝난 뒤 이들 중 단 3명만 살아남고 남은 자들 또한 모두 부상을 당해 불구가 된다.

셰익스피어는 이를 통해 귀족의 세력 다툼에 무고하게 희생되는 백성들의 처참함을 보여 주었다. 또한 폴스태프의 모병 과정을 통하여 위정자들의 부정부패와 탐욕을 풍자하여 보여 주기도 했다.

"그런데 작품을 끝까지 읽어 보면 핼 왕자의 이런 방탕한 삶은 다른 속셈을 갖고 있었던 거 같던데요? 헨리 4세는 이런 악의 무리들과 어울리는 핼 왕자가 장차 왕이 되었을 때 세상이 얼마나 무질서해질지를 생각하면서 걱정을 태산같이 하지만요."

"잘 보셨어요. 왕자의 방탕한 생활은 철저히 계산된 정치적 책략이었어요. 그는 일단 저잣거리의 난봉꾼들과 어울려 세상의 이치를 파악하고 있다가 국가가 자신을 필요로 할 때 멋진 모습으로 나서려고 한 거죠. 난 2부에서 워리크 백작의 입을 통해 왕자의 이런 속셈을 독자나 관객에게 알려주죠."

왕자 전하께서는 친구에 대해 공부하고 계실 뿐입니다.
이 일에 숙달되려면 외국어를 공부할 때와 마찬가지로
천한 말도 듣고 보고 배워 둘 필요가 있습니다.
그러나 한번 배우고 난 뒤

그 말이 천박한 말인 것을 알게 되면

멀리한다는 사실을 폐하께서는 알고 계십니다.

왕자 전하께서도 때가 되면 천한 말을 버리듯이

주변에서 천박한 친구들을 멀리하게 될 것입니다.

그리하여 그 기억이 앞으로는

사람을 판단하는 척도가 되어

과거의 악덕이 전하에게 큰 도움이 될 것입니다.

(2부 4막 4장 68~78행)

"군주가 될 핼 왕자와 폴스태프 무리와의 친교는 대단히 파격적인 것
이지만, 결국은 바람직한 왕이 되기 위한 통과의례로 볼 수 있어요.
다시 말해 백성들과의 교분을 통해 민심을 읽어 내고 잘 이해하여
그들을 훗날 효과적으로 통치하기 위한 과정이었다고 할까요?"

"어찌 보면 핼 왕자가 저잣거리에서 난잡한 생활을 한 것은 진정
한 성군이 되기 위해 대중의 삶을 체험하는 과정이라고 볼 수 있겠
네요?"

"그렇죠. 실제로 핼 왕자는 질서와 권위를 무시하는 폴스태프 무
리의 위험성과 문제점을 잘 관찰하고 기억합니다. 권위를 조롱하고
가치를 뒤바꿈으로써 사회에 불안정을 초래할 수 있는 폴스태프는
핼 왕자가 왕이 되기 위해서는 반드시 제거해야 할 대상인 거죠. 그

광화문글판 영웅 이순신을 보다

7

래서 왕위에 오른 뒤 단호하게 그들을 거부하고 추방합니다."

"그럼 왕이 된 다음에 헨리 5세의 위대한 업적들은 뭐가 있었나요?"

"자국어인 영어를 활성화한 걸 꼽을 수 있죠. 그 전에 영국 궁정의 공식 언어는 불어였거든요. 궁정의 모든 문서를 라틴어나 불어로 작성했고요. 그런데 헨리 5세는 궁정에서 영어를 사용하라고 명령했어요. 그리고 치세 기간의 모든 기록을 영어로 하게 했지요. 350년 전 노르만 정복 이래 처음으로 개인 기록에 영어를 사용한 왕이 되셨죠."

"어라? 그것도 우리 세종대왕이랑 비슷한 업적인데요? 남의 나라 언어인 한자를 빌려 쓰던 전통을 버리고 우리 문자를 창조하신 세종대왕이요!"

"정말 그러네요."

"또 다른 업적은요?"

"프랑스와 백년 전쟁을 계속하여 프랑스의 많은 지역을 정복했죠. 특히 아쟁쿠르 전투에서 거둔 승리는 영국 역사상 최고의 승리로 알려졌어요."

"세상에! 세종대왕도 여진족과 왜구(지금의 일본)를 정벌했는데, 혹시 두 왕이 평행이론에 해당하는 거 아니에요?"

"어, 나도 그 생각하고 있었어요. 두 사람이 비슷한 점이 너무 많은데요. 놀랍게도."

김 감독과 셰익스피어는 세종대왕과 헨리 5세의 비슷한 삶의 과정에 신기해하며 걸음을 옮겼다. 곧 장엄한 자세로 서 있는 이순신 장군 동상에 이르렀다.

"이분은 누구세요? 장수인 거 같은데?"

"우리나라 사람들이 가장 존경하는 이순신 장군이에요. 일본군이 쳐들어 왔을 때 놀라운 전략과 무용으로 23전 23승을 거둔 분이죠."

"23전 23승이요? 백전백승이네요?"

"네, 임진왜란이라고 우리나라 역사에서 아주 큰 전쟁 때의 영웅이세요. 일본군이 침략한 지 보름 만에 서울이 함락되고, 겁에 질린 왕(선조)은 도성을 버리고 압록강에 있는 의주로 도망을 갔거든요. 이때 전라 좌수사로 부임한 이순신 장군이 거북선이라는 배를 제작하고 화포를 정비하여 일본군을 격파시켰죠."

"23전 23승이라면 과히 영웅이란 말을 들을 법하네요."

"그렇죠? 게다가 이분은 단순히 용병술만 뛰어난 장수가 아니라 전쟁터에서조차 글을 쓰고 기록을 남겨 《난중일기》라는 명저를 남기셨어요. 무려 7년 동안이나 쓴 이 일기에는 진중 생활과 국정에 관한 의견, 전투 후의 기록과 수군 통제에 관한 비책 등이 실려 있어요. 가족이나 친지, 부하들에 대한 사적인 감회도 담고 있어 그리움과 외로움을 느끼는 영웅의 이면도 엿볼 수 있고요."

"와, 문무를 겸비한 출중한 인물이셨군요. 대단한데요?"

"선생님이 쓰신 〈줄리어스 시저〉에 보면 브루투스가 전쟁터에서도 촛불을 켜고 글을 읽잖아요? 그 장면을 볼 때마다 이순신 장군님도 그런 모습으로 《난중일기》를 쓰셨을 거라는 생각이 듭니다."

"아, 브루투스요? 그 사람은 진정한 학자지요. 장수라기보다는."

"맞아요. 그분은 나라와 백성을 위해서라면 자신을 희생할 각오가 되어 있는 정말 청렴결백한 정치인인 거 같아요. 로마의 공화정과 시민의 자유를 지키기 위해 자기가 사랑하고 존경하는 시저 암살에 가담하잖아요. 하지만 시저를 암살한 뒤 그의 거사가 실패로 돌아가고 자살하고 마는 것이 너무 가슴 아팠어요."

〈줄리어스 시저〉는 로마 제1회 삼두정치[17] 말기에 줄리어스 시저가 권력을 독점하면서 공화정이 무너질 위기에 처하자 브루투스 일당이 시저를 암살하는 역사적 사건을 그린 극이다.

시저는 의사당에 있는 폼페이우스 동상 밑에서 암살자들에게 둘러싸여 칼에 찔려 죽는다. 암살자 가운데서 자신이 그토록 총애하던 브루투스의 모습을 발견한 순간, 삶에 대한 의지를 버린 채 죽음을 받아들인다. 이때 시저가 자신이 아끼던 브루투스의 공격을 받고 "브루투스, 그대마저?"(3막 1장 77행)라고 외친 절규는 아주 유명한 대사가 되었다.

그런데 셰익스피어는《플루타르코스 영웅전》에서 줄거리를 빌려온 이 극에서 시저 암살이라는 역사적 사건 자체보다는 시저를 비롯하여 그를 암살한 브루투스 등 역사적 인물들의 성격을 탐구했다. 인물 창조에 뛰어난 재능을 지닌 셰익스피어는 이 극에서 희대의 영웅들을 강점과 약점을 모두 지닌 복잡한 인간으로 재현해 냈다.

"브루투스는 도덕적 영웅이기는 해도 정치나 전쟁 영웅은 못 되죠. 그가 시저를 암살한 것은 정말 고결한 대의명분 때문이었지만, 이후 많은 상황을 잘못 판단하고 파멸을 불러오잖아요?"

"네, 너무 강직한 이상주의자라고 해야 할까요? 아니면 현실 감각이 부족하다고 해야 할까요? 처음에 캐시우스가 시저를 죽일 때 시저의 최측근인 안토니우스를 같이 죽이자고 했던 말만 따랐다면 거사에 성공했을 텐데 말이에요. 안 그래요? 그리고 브루투스가 시저 암살 후 뇌물을 받고 공직을 팔아먹은 동지 캐시우스를 비난하면서도 그에게 군자금을 요청하는 장면은 참 아이러니하더라고요."

"난 그 장면을 통해 브루투스의 고결한 이상이 냉정한 정치 현실 앞에 얼마나 무력한지를 보여 주고 싶었어요. 병력을 움직이려면 더러운 뇌물로 군자금을 청할 수밖에 없는 것이 현실이거든요."

"아, 그리고 또 시저 장례식 연설에서 군중들의 심리가 우왕좌왕하는 걸 볼 때도 정말 안타까웠어요. '브루투스가 시저를 덜 사랑한 것이 아니라 로마를 더 사랑한 것입니다.' 브루투스의 이 대사, 얼마나 감동적인 말이에요! 하지만 그 충심이 시저가 로마 시민들에게 몇 푼씩 유산으로 남겼다는 안토니우스의 연설을 듣고 반역으로 둔갑해 버리니. 어찌 보면 브루투스는 지나치게 이상주의자였던 거 같아요."

"그게 바로 이 극에서 내가 그리고자 했던 바예요. 흔히 우리가 영웅이라고 알고 있는 사람들의 인간적 약점. 줄리어스 시저도 한번 생각해 보세요. 전쟁 영웅으로서 남자다움과 용맹을 상징하는 시저를 난 신체와 정신이 아주 나약한 인간으로 묘사했어요. 내 극 속에서 시저는 간질을 앓고 왼쪽 귀도 먹었을 뿐만 아니라 미신에 의존하는 인물이죠. 게다가 권력에 대한 탐욕과 야망까지 있어 로마의 자유에 위협적인 존재이고, 이미 자신을 절대 권력자로 여기는 오만한 자예요. 공적인 자리에서는 아주 대범한 척 행동하지만, 원래는 겁 많고 소심하며 점괘 등에 의존하는 나약한 인물로 그렸죠."

김 감독은 셰익스피어의 설명을 들으며 언젠가 읽었던 소설《칼의 노래》가 떠올랐다. 이 소설에서 작가 김훈은 이순신을 전쟁 영웅이 아니라 두려움에 떨고 세상의 부조리함에 고뇌하는 인간으로 그렸다. 처음 소설을 읽었을 때 어린 시절부터 자신이 배우고 익숙하게 생각했던 이순신 장군과는 전혀 다른 모습이어서 다소 당황스럽기도 했다. 하지만 지금 생각하니 그 작가와 셰익스피어의 공통점이 엿보였다. 그건 다름 아닌 역사적 영웅의 나약한 이면이나 내면을 포

착하여 그들을 역사 속 인물이 아니라 더욱 생생하고 활력이 넘치는 살아 있는 인물로 다시 탄생시켰다는 것이다.

[15] 피를 흘리지 않고 평화적으로 이루는 혁명.

[16] 〈헨리 4세〉 1부를 보면 올곧은 사법 장관이 온갖 범죄에 연루된 핼 왕자를 투옥시키는 사건이 나온다. 그런데 2부에서 핼 왕자가 왕이 된 뒤 그런 사법 장관의 강직함을 높이 평가하고 재신임한다. 이렇듯 헨리 5세는 사적인 감정을 넘어선 훌륭한 위정자로 그려진다.

[17] 삼두정치란 정계의 유력자 3명이 정치를 독점하는 것으로 기원전 60년에 폼페이우스, 카이사르(시저), 크라수스가 다스리는 제1회 삼두정치가 시작되었다. 크라수스가 전사한 뒤에 폼페이우스와 카이사르의 세력 다툼에서 폼페이우스가 패하면서 제1회 삼두정치가 막을 내렸다.

소네트에서
시의 영생을
예언하다

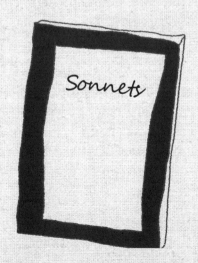

다음 날 저녁 '세계 대문호 셰익스피어의 소네트 낭송회 및 송별 파티'는 김 감독이 강의하는 대학의 강당에서 열렸다. 행사장에는 총장을 비롯하여 영문학과와 연극 영화과 교수가 대거 참석했다. 두 학과의 학생들도 많이 참석했다.

이뿐만 아니라 평생교육원에서 글쓰기 강좌를 수강하고 있는 분들도 오셔서 강당은 제법 붐볐다. 교내에 군데군데 붙인 포스터와 플래카드를 보고 사람들이 삼삼오오 모여들었다. 김 감독의 사회로 행사가 시작되었다.

"존경하는 총장님과 여러 교수님, 그리고 불금[18]을 보내야 할 이 시간에 행사장을 찾아 주신 우리 학생 여러분, 그 외에 함께해 주신 모든 분, 이렇게 자리를 빛내 주셔서 감사합니다. 오늘은 셰익스피어 선생님이 한국에 머무시는 마지막 날입니다. 그래서 선생님의 소네트 낭송회와 송별 파티로 그 아쉬움을 달래고자 합니다. 이미 포스터나 플래카드를 통해 알려 드린 대로 오늘 낭송회에는 원하시는 모든 분이 참여하실 수 있습니다. 모쪼록 많은 분이 낭송회에 참석하시어 자리를 빛내 주시기 바랍니다. 그럼 행사를 시작하기 전에 셰익스피어 선생님의 인사 말씀을 듣겠습니다."

김 감독의 소개로 셰익스피어가 단상에 섰다. 셰익스피어를 책이나 인터넷에서 초상화로만 봤던 사람들이 웅성웅성 대기 시작했다.

"초상화랑 좀 다른데……."

"뭐, 비슷하구먼."

"초상화에서는 머리가 많이 벗어졌던데 별로 안 그렇잖아?"

"더 나이가 먹었을 때 그런 거겠지."

"그런가?"

"그런데 무슨 조화로 저 양반이 지금 여기 있는 걸까?"

"그러게 말이야."

셰익스피어가 인사말을 시작하자 소란하던 장내가 조용해지기 시작했다.

"안녕하세요, 여러분? 방금 소개받은 셰익스피어입니다. 너무 반갑습니다. 저는 이 불가사의한 여행으로 제가 참 축복받은 사람이란 걸 깨달았습니다. 400년이나 지난 지금도 제가 살아생전 알지도 못했던 나라에서 저의 극이 읽히고, 연구되고, 공연되고 있다는 사실을 알게 된 것입니다. 너무 가슴 벅차고 감격스러운 순간들이었습니다. 제가 소네트에 담은 주제도 바로 그것이었습니다. 짧은 인생을 살아

가는 우리가 영원히 사는 길은 예술뿐이라는 것. 시 속에서, 그림 속에서만이 우리는 영원히 살 수 있고 젊음의 아름다움을 영원히 보존할 수 있다는 것. 이번 여행에서 바로 저의 그런 주장이 정확했다는 걸 확인했습니다. 저의 선견지명을 담은 가장 대표적인 소네트 한 수를 읊고 그것으로 인사말을 대신하겠습니다. 부디 여러분들 모두 이 자리를 즐겨 주시기 바랍니다."

셰익스피어는 이어서 소네트 18번[19]을 낭송했다.

나 그대를 여름날에 비할까요?

그대는 그보다 더 사랑스럽고 온유합니다.

거친 바람이 5월의 사랑스러운 꽃망울 흔드는

여름 한철 너무나 짧습니다.

하늘의 눈[20] 때로 너무 뜨겁게 빛나고

그 황금빛 빈번히 흐려지지요.

아름다운 것들은 하나같이 아름다움 속에서 이울고

우연이나 자연의 주기 속에서 장식 벗는 법.

허나 장차 영원한 시행 속에서 그대 시간의 일부가 될 때

그대 그 영원한 여름 시들지 않고

그대 그 아름다움 잃지 않을 것이오,

죽음도 그대 제 그늘 속 헤맨다고 뻐기지 못할 것입니다.

사람이 숨 쉬고 눈이 볼 수 있는 한 오래도록

이 시 살아서 그대에게 생명 줄 것입니다. [21]

낭송이 끝나자 우레 같은 박수가 터져 나왔다. 셰익스피어는 청중에게 고개 숙여 인사한 뒤 단상을 내려왔다.

"여러분, 정말 놀랍지 않습니까? 셰익스피어 선생님이 소네트에서 말씀하신 대로 이 시를 통해 선생님이 칭송한 아름다움이 아직도 우리 곁에 살아 있다는 것이. 자, 본격적으로 낭송회를 시작하기 전에 제가 미흡하나마 셰익스피어 선생님의 소네트를 소개해 드리겠습니다."

사람들은 관심 있게 귀를 기울였다.

"선생님의 《소네트집》은 총 154편의 소네트가 수록되어 1609년에 출간되었습니다. 하지만 창작 연도, 수록된 시의 배열 순서 등에 대해서는 많은 논란이 있었습니다. 선생님께 제가 여쭤 보았더니 10여 년 동안 틈틈이 써서 본인도 순서는 기억 못 하겠다고 하시더라고요. 소네트는 원래 이탈리아에서 생겨난 시 형식입니다. 그런데 선생님은 이탈리아의 소네트와는 여러 가지 면에서 다른 소네트를 쓰셨습니다. 우선 여자가 아니라 젊은 귀족 청년을 아름답고 고결한 찬미의 대상으로 삼았습니다. 또한 단순히 사랑이라는 주제에만 매달린 것이 아니라, 삶의 필연적 과정인 노화와 죽음에 대한 통찰을 함께 담아 내셨습니다. 그뿐만 아니라 시 속에서 시의 불멸성을 논함으로써 시라는 장르 자체의 가치와 의의를 탐색하셨습니다."

《소네트집》은 W. H라는 이니셜을 가진 후원자에게 헌정되었다. 이것은 셰익스피어의 후원자인 사우샘프턴 백작 헨리 리즐리(Henry Wriothesley)의 이니셜을 바꿔 쓴 것이라는 주장이 계속 제기되어 왔다.[22] 그리고 작품 속 시인이 사모하는 젊은 청년이 바로 헨리 리즐리라는 주장도 계속되었다.

《소네트집》에 실린 총 154수 중 처음 126수는 아름다운 귀족 청년에게 말을 거는 것이고, 그다음 부분은 검은 여인과의 관계를 묘사한 것이다. 젊은 귀족 남성과 시인의 사랑은 플라토닉하게, 검은 여인과 시인의 사랑은 육욕적인 관계로 그리고 있다.

때로는 젊은 귀족 남성과 다른 시인들, 또는 검은 여인과의 관계에 질투심을 느끼며 괴로워하는 시인의 모습이 그려질 때도 있다. 이 때문에 이 소네트 연작은 셰익스피어와 젊은 귀족 사이의 동성애 논란을 불러일으켰을 뿐만 아니라, 그 청년이 누구냐에 대한 논란도 계속되어 왔다.

하지만 잘 알려진 바와 같이 셰익스피어 시대의 문인들은 귀족들의 후원에 의존해서 문학 활동을 했다. 그리고 시인들이 자신의 후원자를 화려한 언어로 찬미하는 것이 관례였다. 이 시집에서도 시인이 찬미하고 있는 청년이 시인의 후원자임을 드러내는 구절이 종종 눈에 띈다.

김 감독을 비롯하여 많은 영문학과 교수들이 이런 논란에 대해 셰익스피어로부터 직접 설명을 듣고 싶었지만, 혹시나 그가 곤혹스러워 할까 봐 질문을 자제했다.

"자, 그럼 이제부터 시 낭송회를 시작해 볼까요? 어느 분이 먼저 시작해 주시겠습니까?"

영문학과 학과장이자 셰익스피어를 연구하는 학자인 이현수 교수가 먼저 손을 번쩍 들었다.

"아, 이현수 교수님께서 멋지게 시작해 주시네요. 앞으로 나와 주십시오."

"안녕하세요? 영문학과의 이현수입니다. 우선 셰익스피어 선생님께 감사 말씀을 드리고 싶습니다. 선생님, 너무 멋진 극과 시로 세상의 문화를 풍성하게 해 주신 점, 정말 감사드립니다. 저도 평생을 선생님 연구로 먹고살고 있습니다. 이 또한 감사드립니다. 전 셰익스피어 선생님의 시가 지닌 무한한 힘을 칭송하고자 55번 소네트를 준비했습니다."

"멋진 인사말 감사드립니다, 교수님. 낭송 시작하시지요."

이현수 교수는 쩌렁쩌렁한 목소리로 천천히 낭송했다.

대리석도, 군주의 도금한 기념비도

이 막강한 시보다 오래가지 못하리라.

더러운 시간의 때 닦아 내지 않은 묘석보다

그대 이 시 속에서 더 밝게 빛나게 되리라.

파괴의 전쟁이 동상들 쓰러뜨리고

난리로 석공의 작품들 뿌리 뽑힐 때

마르스(군신)의 칼도, 전쟁의 타오르는 불길도

그대 기억한 살아 있는 기록 태우지 못하리니.

죽음과 모든 것을 망각으로 떨치는 적에 맞서

그대 걸어가리라, 이 세상 끝나는 심판의 날까지.

모든 후손들의 눈 속에도

그대에 대한 칭찬 깃들어 있으리라.

그대 부활하는 심판의 날까지 그대 이곳에 살아

연인들의 눈 속에 머무시기를.

"시간의 작용 때문에 파괴되거나 퇴화하는 조각상, 묘비 등 다른 예술품과 비교하며 시의 영속성을 노래한 소네트였습니다. 최후의 날까지 살아남을 시의 강인함을 웅장한 목소리로 낭송해 주신 이현수 교수님께 박수 한번 부탁합니다. 자 다음 낭송자를 모시겠습니다."

멋진 드레스로 한껏 멋을 낸 여사님이 씩씩하게 나오셨다. 60대중반 정도로 보이나 삶의 열정이 한눈에 느껴졌다.

"간단한 자기소개 좀 해 주시겠어요?"

"안녕하십니까? 저는 길음동에서 온 박숙자라고 합니다. 전 죽기 전에 내 삶을 멋지게 정리하는 자서전을 출간하는 게 꿈입니다. 그래서 평생교육원에서 글쓰기 수업을 수강하고 있습니다. 셰익스피어 선생님의 소네트 낭송회를 한다는 포스터를 보고 너무너무 참여하고 싶었습니다. 사실 그때는 소네트가 뭔지도 몰랐지만요. 부랴부랴 서점에 가서 《소네트집》을 사서 정신없이 읽었습니다. 그중에서 제가 고른 것은요. 소네트 2번입니다. 결혼해서 자녀를 낳는 것이 우리의 짧은 인생을 극복하는 길이라는 대목이 마음에 와 닿아서요. 제 딸이 사십이 다 돼 가는데 아직도 결혼을 안 하고 제 속을 썩이고 있거든요."

"하하. 정말 훌륭한 선택을 하신 것 같습니다. 그럼 박숙자 여사님의 낭송을 들어 보실까요?"

"딸에게 읽어 주는 마음으로 낭송해 보겠습니다."

마흔 번의 겨울이 그대 이마 포위하여
그 아름다운 들판에 깊은 참호 팔 때,
지금은 뭇 사람들 눈길 끄는 그대 화려한 의상
무가치한 넝마로 변하리라.

그때 그대 온갖 아름다움 다 어디로 갔느냐고

그대 무성한 청춘의 보물 다 어디 있느냐고 누가 묻거든

해골처럼 팬 그대 두 눈 속에 있다고 대답함은

만사를 소진하는 게걸스러운 치욕이요, 무익한 청찬이라.

"이 잘생긴 내 자식 놈이 내 종합 계산서요

내 늙음의 구실이외다"라고 그대 대답할 수 있다면

그 아름다움 선용했다고 얼마나 청찬 자자하랴.

자식의 미모 그대의 유산임을 증명하리니.

이것이 그대 늙었을 때 회춘하는 방법이요,

그대 피 식었을 때 다시 덥히는 방법이리니.

박숙자 여사는 낭송을 끝내고 쑥스러운 듯 인사를 꾸벅하고 단상에서 내려갔다.

"정말 따님이 들으면 많은 생각을 하게 될 것 같습니다. 셰익스피어 선생님은 짧은 인생을 극복할 방법으로 사랑으로 후손을 얻는 것을 권하시네요. 여사님 따님뿐만 아니라 요즘 젊은이들이 결혼도 잘 안 하고 애도 잘 안 낳는데 참 도움이 될 만한 시인 것 같습니다. 집에 가서서 따님께 다시 한 번 낭송해 주시죠, 여사님?"

관중석에서 웃음과 박수가 터져 나왔다.

"자, 다음 분?"

이번에는 남학생이 뚜벅뚜벅 걸어 나왔다.

"안녕하세요? 전 영문학과 2학년 김찬섭입니다. 셰익스피어 선생님 앞에서 소네트를 낭송하게 되어 정말 영광입니다. 저는 43번 소네트를 준비했는데요. 같이 참석한 여자 친구에게 이 시를 바칩니다."

"어, 실례지만 여자 친구 어디 계신가요? 손 한번 들어 보실래요?"

좌석 중간쯤에서 앳된 여학생이 고개를 푹 숙이고 손으로 얼굴을 가린 채 부끄러운 듯 손을 들었다.

"참 부럽습니다. 누군가가 나를 위해 시를 낭송해 준다니요. 일단 낭송을 들어 보죠."

학생은 여자 친구 앞이라 그런지 긴장한 듯 목소리가 조금 떨렸다.

눈감을 때 내 눈 가장 선명히 봅니다.

낮에는 보질것없는 것들만 보지만

잠들 땐 꿈속에서 그대 보기에 내 두 눈

어둡게 빛나며 어둠 속에서 그대의 빛 향합니다.

그림자로 뭇 그림자들 밝히는 그대여,

감은 눈에도 그대 그림자 그처럼 찬란한데

밝은 대낮에는 그 그림자

얼마나 더 환히 빛나며 그 모습 드러낼까요?

살아 있는 대낮에 그대 바라봄으로

내 눈은 얼마나 큰 축복 받는지요.

죽은 밤에도 그대 아름답고 불완전한 그림자

무거운 잠 뚫고 감은 두 눈에 머무르고 있으니!

나 그대 보기 전까지 낮은 온통 밤이요,

꿈속에서 그대 볼 때에 밤은 밝은 낮입니다.

"이야. 브라보!"

김 감독이 감탄했다.

"그대 보기 전까진 낮도 밤이요. 꿈속에서 그대 보면 밤도 밝은 낮이라. 정말 낭만적이지 않나요? 여자 친구, 소감이 어떠신가요?"

김 감독이 짓궂게 질문했다. 여학생은 부끄러워하며 대답을 하지 못했다.

"여기 계신 다른 남학생들도 맘에 둔 여자가 있으면 이 시를 써서 건네 보세요. 반드시 넘어올 겁니다."

좌중에 다시 웃음이 터졌다.

"그런데 우리 연극 영화과에서는 아무도 준비한 분이 없나요? 영문학과는 교수님도 한 수 읊으시고 학생도 한 수 읊으셨는데. 이거 우리 너무 밀리는 거 아닌가요?"

그러자 여자 교수가 쑥 일어났다.

"아, 그럼 그렇지. 김한주 교수님. 역시 절 실망시키지 않으시는군요."

"안녕하세요? 연극 영화과의 김한주입니다."

연극인 출신답게 김한주 교수의 목소리는 낭랑하니 듣기 좋았다.

"연극인의 한 사람으로서 셰익스피어 선생님을 이렇게 만나 뵙고 소네트까지 낭송하게 되어 정말 기쁩니다. 전 129번 소네트를 준비했는데요. 요즘 세상이 너무 성적으로 문란해진 거 같아서 이 소네트를 골랐습니다."

교수는 마치 연기하듯 소네트를 낭송했다.

치욕의 허리에 정력 낭비하는 것이 성교입니다.

충족되기 전까지 색욕은 맹세 저버리고,

살인적이고, 잔인하고 비난받아 마땅하며

잔혹하고 극단적이며 거칠고 사정없고 믿을 수 없습니다.

즐기자마자 이내 경멸의 대상이 됩니다.

미친 듯 추적하지만 손에 넣자마자

미친 듯 증오하는 대상이 되지요.

삼킨 자 광란케 하려 일부러 놓아둔 미끼 집어삼킨 듯

넋 나간 듯 좋지만 손에 넣어도 매한가지.

가졌거나 갖고 있거나, 가지려 하는 동안에도 막무가내.

맛볼 땐 황홀하지만 먹고 나면 진정 고통이요.

전에는 기쁨을 예감하나 후에는 꿈처럼 허망한 것.

이 모든 것 세상 사람들 잘 알지만, 아무도 알지 못합니다.

지옥으로 인도하는 이 황홀한 천국 피하는 법.

"교수님, 마치 저희에게 성교육 하시는 것 같습니다. 육체적 관계란 잠시 황홀할 뿐이니 자제하라고. 하하하."

김한주 교수는 동의한다는 듯 웃으며 고개를 끄덕였다.

"김한주 교수님의 낭송까지 잘 들었습니다. 하나같이 우리에게 유익한 메시지를 주는 시들이네요. 더 많은 분에게 낭송의 기회를 드리고 싶지만 이제 슬슬 배도 고프고 해서 행사를 마무리 지어야 할 듯합니다. 이미 낭송한 시만으로도 충분히 셰익스피어 선생님의 시 세계를 느끼셨으리라 믿습니다. 마지막으로 이 귀한 자리를 마련해 주신 총장님의 폐회사를 듣고 송별 파티로 넘어가겠습니다. 총장님, 부탁드립니다."

행사 내내 시종일관 맨 앞자리에서 열심히 경청하던 총장이 단상에 섰다.

"셰익스피어 선생님을 이렇게 우리 학교에 모시고 여러 교수님과

학생들에게 자리를 마련할 수 있어서 영광스럽고도 감사할 따름입니다. 오베론 요정 왕의 조화였을까요, 아님 프로스페로 마법사의 마력 탓일까요. 우리가 알 수 없는 그 어떤 힘으로 선생님이 우리 앞에 나타나신 건지는 모르겠지만, 이제 떠나신다니 참 섭섭하기만 합니다. 모쪼록 저희가 준비한 조촐한 송별 파티가 선생님 마음에 들기 바라며, 아울러 돌아가셔서 우리와의 신비로운 만남도 작품으로 남겨 주시기를 부탁합니다."

이 대목에서 좌중들이 "와!" 하고 함성을 질렀다. 총장은 말을 이었다.

"마지막으로 저도 소네트 한 수 읊겠습니다. 저는 허물을 너무 부끄러워하지 말라는 메시지를 담고 있는 35번 소네트를 준비했습니다."

그대 한 일 더는 괴로워 말라.

장미에도 가시가, 은빛 분수에도 흙 찌꺼기가 있는 법.

구름과 식(蝕)[23]이 해와 달 흐리고

가장 향기로운 꽃봉오리도 벌레가 흠집을 낸다.

모든 사람이 잘못 저지르는 법.

그대 잘못 정당화하고, 그대 비행에 고약 발라 주며,

그대 죄 이상으로 그대 죄 용서하여,

스스로를 타락시키고 있는 내가 그러하듯이.

그대 육욕의 잘못에 내 이유를 대고

그대 적이어야 할 이가 그대 옹호자 되어,

나는 나를 기소하고

내 사랑과 증오 사이에 심한 내란 일어나느니.

쓰리게 내게서 앗아 가는 그 달콤한 도둑의 공모자가

나는 될 수밖에 없어라.

"총장님, 정말 감사합니다. 총장님을 단상에 안 모셨으면 큰일 날 뻔했습니다. 이렇게 낭송할 소네트까지 준비하셨는데."

강당은 다시 한 번 웃음바다가 되었다.

송별 파티는 한 시간 남짓 진행되었다. 내일 아침 비행기로 출국하는 셰익스피어를 배려한 것이다. 셰익스피어는 소네트 낭송회에 참여했던 사람들을 하나하나 찾아다니며 감사 인사를 하고 각자가 읊은 소네트에 관해 이야기를 나누었다.

결혼하지 않은 딸 때문에 고민 중인 여사님에게는 이른 시일 안에 딸이 짝을 만나기를 기원해 주었다. 그러기 위해서는 오베론 왕의 사랑의 묘약이라도 뿌려 줘야 하지 않을까? 또 아름다운 사랑의 소네트를 읊었던 남학생과 여학생에게는 그들의 사랑이 열매 맺기를 축원해 주었다. 누구 눈에 먼저 콩깍지가 씌었는지를 짓궂게 묻기도 하였다.

모든 행사가 끝나고 김 감독과 셰익스피어는 집으로 돌아와 9시 뉴스를 보며 짐을 쌌다. 올 때는 서류 가방 하나와 옷 가방 하나였는데 그동안 여기저기서 받은 기념품과 선물, 셰익스피어의 식구들을 위해 김 감독이 사 준 온갖 신기한 물건들로 짐이 꽤 늘어 있었다. 뉴스에서는 늘 그랬던 것처럼 온갖 범죄와 사건 사고 소식이 흘러나왔다. 셰익스피어는 그 소식들을 경청하다가 이내 혀를 끌끌 찼다.

"참, 세상은 이렇게 몰라보게 바뀌었는데, 사람은 어쩜 하나도 바뀌지 않았는지 몰라요."

"그런가요, 선생님?"

"정말 여기에 처음 왔을 때는 내가 상상조차 할 수 없었던 기계 문명, 첨단 문명에 얼마나 놀랐는지 몰라요."

"맞아요, 그러셨죠. 온종일 '세상에, 세상에!' 하고 다니셨죠."

"그런데 며칠 생활하면서 저 TV로 세상의 사건 사고를 보고는 사람은 하나도 변하지 않았다는 생각이 들었어요. 여전히 탐욕스럽고, 어리석고, 나약하고."

"그러게요. 안타깝죠."

"그런 거 보면 내가 〈맥베스〉, 〈리어 왕〉, 〈오셀로〉 같은 작품에 쓴 메시지가 별로 세상에 영향을 주지 못한 거 같아요. 아쉽게도."

셰익스피어의 목소리에 서운함이 깃들어 있었다.

"아니에요, 선생님 책을 읽은 사람들은 아마 똑같은 실수를 저지르지 않으려고 자기를 다스리며 잘 살아갈 거예요. 안 읽은 사람들이 허망한 욕망을 좇고, 어리석은 짓을 저지르는 거지요."

"정말 그럴까요?"

"그리고 잘 알면서도 유혹 앞에 무너지는 게 바로 인간이잖아요. 선생님도 그런 인간의 나약함을 많이 그리셨으니 잘 아실 거예요."

"그렇죠. 어쨌든 예나 지금이나 사람들의 모습이 똑같다는 게 신기해요."

"아마 그래서 선생님의 작품이 지금도 사람들에게 호소력이 있나 봐요."

"하긴 그렇기도 하겠네요. 사람들이 바뀌었으면 내 작품이 더 이상 무슨 소용이 있겠어요. 허허허."

셰익스피어는 쓸쓸한 얼굴로 미소를 지었다. 그렇게 김 감독의 집에서 보내는 마지막 밤이 지나고 있었다.

창밖에는 400년을 지나 오늘도 여전히 밤을 비추는 둥근 달빛이 환하다. 셰익스피어가 살던 시대나 오늘 우리가 살고 있는 시대나 사람은 죽고 땅은 변하고 과학 기술은 발달하여도 변함없이 시를 읽고 공감할 수 있는 것은, 어쩌면 사람의 본질은 변하지 않기 때문일 것이다. 소란스러운 하루가 힘들었다는 듯이 고요한 밤이다.

[18] '불타는 금요일'의 약자로 일주일의 일정을 마감하는 젊은이들이 보내는 금요일 밤을 일컫는 말이다.

[19] 셰익스피어가 소네트를 번호를 붙여 가며 지은 것은 아니다. 후대 학자들이 소네트의 내용에 따라 순서를 정하고 편의상 번호를 붙인 것이다.

[20] 태양을 비유한 것이다.

[21] 소네트 번역은 《소네트집》(박우수 옮김, 열린책들 펴냄, 2011)을 참조하여 필자가 일부 수정하였다.

[22] 또 다른 주장은 펨브르크 백작인 윌리엄 허버트(William Herbert)의 이니셜이라는 주장이다.

[23] 일식과 월식을 말한다.

8 소네트에서
시의 영생을
예언하다

셰익스피어와 김 감독은 아침 일찍 공항에 나왔다. 비행기 티켓을 받고 짐을 부친 다음 두 사람은 카페에서 잠시 대화를 나누었다.

"이제 돌아가시는군요. 며칠 전 이 공항에서 선생님을 처음 뵐 때가 생생한데요."

"서울에서 보낸 지난 며칠이 나도 정말 꿈만 같습니다. 돌아가면 얼마나 시간이 흘러 있을지, 내가 떠나온 시간과 장소로 다시 돌아갈 수 있을지도 걱정되고요."

김 감독도 내내 그 걱정을 하고 있었다. 이 비행기를 타고 셰익스피어가 히스로 공항에 내리면 2015년 9월 1일의 런던이 아니겠는가? 그의 집도, 가족도, 직업도, 모두 사라진 런던. 그럼 과연 그는 어디로 가야 한단 말인가? 누군가에게 자기가 셰익스피어라고 주장하겠지? 400년 전에 런던의 극장가를 흔들었던 유명한 작가라는 사실을 과연 누가 믿어 줄 것인가? 미친 사람 취급하고 무시하거나 사기꾼이라고 경찰서에 끌고 가지 않을까?

"선생님, 그냥 한국에 머무시는 건 싫으세요? 총장님께 부탁해서 집필 활동 계속하시도록 배려해 드릴 수 있는데요."

"아닙니다. 가족들이 기다리고 있는 집으로 돌아가야죠. 지금은 내가 프랑스에 있을 것으로 생각하고 걱정하지 않겠지만, 시간이 흘러도 돌아가지 않으면 얼마나 걱정하겠어요?"

"그렇긴 하지만 선생님이 떠나 온 시간으로 돌아갈 수 있을지도 모르잖습니까?"

"그래도 일단 영국으로 가서 방법을 찾아봐야죠."

"선생님, 제 명함 잘 챙기셨죠? 혹시나 런던에서 일이 잘 풀리지 않으면 꼭 연락주세요. 제가 바로 처리해 드리겠습니다."

"고마워요, 김 감독님. 그동안 정말 신세 많이 졌습니다. 재워 주고 먹여 주고 서울 구경도 시켜 주고. 그렇게 따뜻하게 환대해 주신 덕분에 서울을 잊지 못할 것 같아요."

"저희 총장님 말씀대로 이곳에서의 만남을 극으로 써 주시겠어요?"

"그럼요. 내가 서울의 이 눈부신 문명 세계를 무대에 올리면 아마 우리 관객들이 저의 상상력에 까무러치지 않을까요?"

"생각만 해도 재미있는데요? 자, 이제 탑승하셔야 할 거 같아요."

셰익스피어는 돌아보고 또 돌아보고, 손을 자꾸 흔들며 게이트 안으로 사라졌다. 셰익스피어가 눈앞에서 사라지자 김 감독은 갑자기 걱정이 되기 시작했다. 비행기를 타고 가는 도중 시공간이 뒤틀려 그의 신변에 끔찍한 일이 일어날 것 같은 상상이 머릿속을 헤집고 다녔다.

'안 돼! 선생님을 잡아야 해! 목숨이 위험할 수도 있어!'

김 감독은 내달렸다. 게이트에서 탑승 절차를 밟던 승무원들이 그를 제지했다.

"놔요. 저기 셰익스피어 선생님이 타고 계시다고요! 그분을 데려 와야 해요. 위험한 일이 생길 수도 있어요. 제발요!"

김 감독은 고래고래 소리를 지르며 몸부림을 쳤다.

"선생님, 뭐가 불편하신가요? 도와 드릴까요?"

김 감독은 주위를 둘러보았다. 비행기 안이었다. 옆에 앉은 사람 들이 그를 힐끗힐끗 쳐다보았다.

"어디 편찮으세요?"

여승무원이 걱정스러운 표정으로 물었다.

"아니요, 괜찮아요."

김 감독은 머릿속을 정리하려고 노력했다.

'아, 꿈이었구나. 지금은 에든버러 국제 페스티벌을 마치고 한국 으로 돌아가는 비행기 안이었지? 즐거웠던 여행을 생각하며 탄산수 도 한잔 했고.'

김 감독은 그렇게 생생한 경험이 모두 꿈이었다는 것이 믿어지지 않았지만, 오히려 다행이라고 생각했다. 셰익스피어 선생님한테는 별일 없을 테니까.

그리고 〈한여름 밤의 꿈〉에서 당나귀로 변했던 보텀이 티타니아 여왕과 나누었던 꿈같은 사랑 이야기를 〈보텀의 꿈〉이란 시로 만들기로 작정했듯이, 자신이 보고 느끼고 경험했던 생생한 꿈을 글로 써서 남기기로 마음먹었다. 비행기가 이제 막 인천공항이 보이는 대한민국 땅 위를 날고 있었다.

부록

세계적인 대문호 윌리엄 셰익스피어(William Shakespeare, 1564~1616)는 영국 르네상스라고 불리는 국민 문학의 황금시대에 태어났다. 그는 엘리자베스 1세 시대와 제임스 1세 시대에 걸쳐 작품 활동을 했다. 이때 영국에는 에드먼드 스펜서(Edmund Spencer), 프랜시스 베이컨(Francis Bacon) 같은 학자와 문인이 많이 등장하였고, 오비디우스(Publius Naso Ovidius), 베르길리우스(Publius Maro Vergilius), 세네카(Lucius Annaeus Seneca), 플루타르코스(Plutarchos) 같은 고대 그리스와 로마 작가들의 고전 작품이 영어로 번역되었다.

셰익스피어 시대의 작가들은 이들의 작품을 훌륭한 글쓰기의 모범으로 삼았다. 셰익스피어 또한 이 작가들에게서 지대한 영향을 받아 그 작품들을 원전으로 삼아 극작 스타일을 모방하였을 뿐만 아니라 작품 곳곳에서 인용하기도 했다.

셰익스피어는 〈햄릿〉, 〈맥베스〉, 〈리어 왕〉, 〈오셀로〉라는 4대 비극과 〈베니스의 상인〉, 〈한여름 밤의 꿈〉 등을 비롯한 총 38편의 희곡, 2편의 장편 설화시, 그리고 소네트 시집 한 권을 남겼다. 그가 남긴 작품들은 400여 년이 지난 오늘날에도 세계 독자들의 필독서이자 애독서이다. 또한 연극과 영화는 물론이고 뮤지컬, 오페라, 그림, 발레 등으로 시대와 국경을 넘어 끊임없이 재창조되면서 세계 문화를 무한히 풍요롭게 해 주었다.

셰익스피어의 희곡이 이처럼 오랫동안 폭넓은 사랑을 받는 데는 여러 가지 이유가 있지만, 가장 중요한 것은 인간 본성에 대해 탁월한 통찰을 해 낸 작가의 능력에 있다. 그는 인간과 세상의 깊은 심연 속을 들여다보는 통찰력으로 인간의 악과 어리석음을 탐구했다.

연극의 목적은 "자연(세상)에 거울을 들이대는 것"이라고 〈햄릿〉에서 주장했듯이 셰익스피어는 이 세상과 인간들의 모습을 가식이나 꾸밈없이 있는 그대로 보여 준다. 이러한 연극 철학을 지닌 그는 작품 속에 자신이 살았던 시대의 모습을 잘 담아냈다.

이렇게 특정한 시대를 그린 그의 작품은 시공을 초월하는 보편성도 지니고 있다. 지금도 많은 사람이 맥베스와 같은 야망에 사로잡혀 부정한 방법으로 권력과 부를 추구하다가 파멸한다. 리어 왕의 탐욕스럽고 배은망덕한 딸들은 지금도 세상 곳곳에서 볼 수 있다. 그래서 우리는 셰익스피어의 극작품을 읽거나 공연을 볼 때 조금도 시공의 틈을 느끼지 않고 공감할 수 있다.

많은 문학작품이 등장인물을 선과 악으로 나누고 권선징악을 구현한다. 하지만 셰익스피어의 작품 속에는 완전한 선인도, 철저한 악인도 없다. 셰익스피어는 이 세계가 권선징악과 같은 합리적인 원리에 의해 운영되거나 그런 질서가 존재하는 곳이라고 생각하지 않았다. 햄릿, 맥베스, 오셀로, 리어 왕과 같은 인물들의 공통점은 바로 그들이 선악을 모두 지닌 양면적인 존재라는 것이다. 인간은 누구나 양면적인 속성을 지니고 있고, 시간과 환경의 변화에 따라 성격이 변하기도 한다. 셰익스피어의 이런 미묘하고 섬세한 인간에 대한 이해는 공감을 자아내고 호소력을 지닌 인물 묘사를 낳았다.

셰익스피어의 위대함을 논할 때 그의 언어 구사력을 빼놓을 수 없다. 그는 사람들의 입에 자주 오르내리는 수많은 명언과 경구를 낳았다.

"약한 자여 그대 이름은 여자니라!"
"인간은 만물의 영장."
"사느냐 죽느냐 그것이 문제로다."
"진실은 반드시 밝혀진다."
"반짝이는 것이 다 금은 아니다."

지금도 많은 유명 인사들이 연설에서 셰익스피어의 대사를 인용하곤 한다. 그래서 사람들은 셰익스피어를 '언어의 마술사'라고 부르고, 그의 작품을 '지식의 보물창고'라고 한다.

● 1558

엘리자베스 1세 등극.

● 1564

존 셰익스피어(John Shakespeare)의 셋째이자 장자로 윌리엄 셰익스피어 출생.
4월 26일에 세례 받음. 동료 작가 크리스토퍼 말로(Christopher Marlowe)도 이
해에 출생.

● 1573

셰익스피어의 후원자 사우샘프턴 백작(Earl of Southampton)이 되는 헨리
리즐리(Henry Wriothesley) 출생.

● 1582

8살 연상인 앤 해서웨이(Anne Hathaway)와 결혼.

● 1583

장녀 수산나(Susanna) 탄생.

● 1585

쌍둥이 남매인 햄넷(Hamnet)과 주디스(Judith) 출생.

● 1586

이때부터 1592년까지 구체적인 행방이 묘연함.

● 1589

〈헨리 6세〉 1부 집필.

● 1590-1591

〈헨리 6세〉 2부, 3부 집필.

● 1592

극작가 로버트 그린(Robert Greene)이 '많은 후회로 얻은 서푼짜리 기지'라는 제목의 팸플릿에서 셰익스피어의 유명세를 비난함. 런던에 흑사병이 창궐. 1592년 7월부터 1594년 6월까지 극장 폐쇄. 극단들은 지방 순회공연을 다님. 〈리처드 3세〉, 시집 《비너스와 아도니스》, 〈실수 희극〉 집필.

● 1593

후원자인 사우샘프턴 백작에게 헌정한 《비너스와 아도니스》 출간. 〈타이터스 앤드로니커스〉, 〈말괄량이 길들이기〉 집필.

시집 《루크리스의 겁탈》 출간 후 사우샘프턴 백작에게 헌정함. 〈베로나의 두 신사〉, 〈사랑의 헛수고〉, 〈존 왕〉 집필. '궁내부 대신 극단' 창설.

〈리처드 2세〉, 〈로미오와 줄리엣〉, 〈한여름 밤의 꿈〉 집필.

아들 햄넷 사망. 〈베니스의 상인〉, 〈헨리 4세〉 1부 집필.

스트랫퍼드 어폰 에이번의 저택 뉴플레이스 매입. 〈윈저의 즐거운 아낙네들〉 집필. 글로브 극장 설립.

〈헨리 4세〉 2부, 〈헛소동〉 집필.

〈헨리 5세〉, 〈줄리어스 시저〉, 〈좋으실 대로〉 집필. 에섹스 백작이 아일랜드 평정에 나섰다가 실패 후 여왕의 명령에 반하여 귀국했다가 연금됨. 풍자물 출판 금지령 선포.

● 1600

〈햄릿〉 집필.

● 1601

1600년에 석방된 에섹스 백작이 쿠데타를 일으킨 전날 밤 요청하여 〈리처드 2세〉 공연. 에섹스 백작이 반란죄로 처형되고 셰익스피어의 후원자인 사우샘프턴 백작도 이 반란에 연루되어 수감됨. 〈십이야〉, 〈트로일러스와 크레시다〉 집필.

● 1602

〈끝이 좋으면 다 좋아〉 집필

● 1603

엘리자베스 여왕 사망. 스코틀랜드의 제임스 6세가 제임스 1세로 등극하여 스튜어트 왕조 시작. '궁내부 대신 극단'이 '국왕 극단'이 됨.

● 1604

〈자에는 자로〉, 〈오셀로〉 집필.

● 1605

〈리어 왕〉 집필.

● 1606

〈맥베스〉, 〈안토니와 클레오파트라〉 집필.

● 1607

〈코리올레이너스〉, 〈아테네의 타이몬〉, 〈페리클레스〉 집필.

● 1609

〈심벌린〉 집필. 《소네트집》 출간.

● 1610

〈겨울 이야기〉 집필.

● 1611

〈폭풍우〉 집필.

● 1612

존 플레처(John Fletcher)와 함께 〈헨리 8세〉 집필.

● 1613

존 플레처와 함께 〈고결한 두 친척〉 집필. 〈헨리 8세〉 공연 중 글로브 극장이 불이 나 소실됨.

● 1614

글로브 극장 재개관.

4월 23일에 사망.

동료 배우였던 존 헤밍(John Heminges)과 헨리 콘델(Henry Condell)에 의해 36개의 극이 수록된 최초의 극전집인 제1이절판 출간.

위대한 극작품과 시를 쓴 셰익스피어가 대학 교육도 받지 못한 시골 출신의 연극배우가 아닐지도 모른다는 의문이 오랫동안 제기되어 왔다. 그가 누린 명성에 비해 개인사는 온통 베일에 싸여 있기 때문이다. 대학 교육도 받지 못한 사람이 단지 천재적 상상력만으로 법학, 지리학, 역사, 고전 등의 전문 지식을 담은 작품들을 썼을까 하는 의문에 많은 사람이 공감해 왔다.

좀 더 구체적인 논란의 근거는 스트랫퍼드의 셰익스피어가 문인이었다는 기록이 전혀 없다는 점, 궁정에서도 공연할 정도로 대단한 극작가였던 그의 사망을 추모하는 글이 한 줄도 발견되지 않았다는 점, 유서에도 아내에게 침대를 남기는 등 재산 분배를 상세하게 지시하면서도 소장한 책들의 처분이나 자필 원고에 대한 언급이 전혀 없다는 점 등이다. 그래서 2007년 7월에 셰익스피어와 관련된 일에 종사하고 있는 영국의 유명 배우와 연출가 287명이 '합리적 의심 선언'을 발표했다.

지금까지 셰익스피어 작품을 쓴 실제 인물로 거론되어 온 사람은 고전 경험론의 창시자인 프랜시스 베이컨, 젊은 나이에 의문의 죽음을 당한 동시대 극작가 크리스토퍼 말로, 사우샘프턴 백작과 함께 셰익스피어의 후원자로 알려진 에드워드 드 비어(Edward de Vere), 셰익스피어의 먼 친척이었던 헨리 네빌(Henry Neville)이었다. 그리고 작품의 수로 보아 한 사람이 아니라 여러 사람이 썼을 수도 있다는 주장도 있었다.

그중 가장 강력한 후보자로 거론되는 것은 옥스퍼드 백작 에드워드 드비어이다. 1920년, 토머스 루니(Thomas Looney)가 《셰익스피어는 에드워드 드비어로 밝혀졌다》라는 저서를 출간했고, 심리학자 프로이트가 이런 옥스퍼드파의 주장을 강력히 지지했다. 1984년에 찰턴 오그번(Charlton Ogburn)이 《신비에 싸인 윌리엄 셰익스피어》에서 에드워드 드 비어가 진짜 셰익스피어라고 주장하면서 다시 논란이 일어나기도 했다.

에드워드 드 비어가 진짜 셰익스피어라고 주장하는 옥스퍼드파는 그가 케임브리지와 옥스퍼드에서 최상의 교육을 받았으며 풍부한 재력과 경력의 소유자이면서 시와 희곡 등 문인으로서 당대에 인정받았고, 현존하는 시와 편지가 셰익스피어의 문체와 흡사하다고 강조한다.

문체만이 아니라 그의 인생 경험과 유사한 대목들이 셰익스피어의 작품에서 보이는데, 특히 〈햄릿〉에 나오는 늙은 간신배 폴로니어스는 그의 장인이자 엘리자베스 여왕의 비서관이었던 윌리엄 세실(William Cecil) 경을 풍자한 것이라는 데 많은 학자가 동의한다. 셰익스피어라는 가명을 사용한 것에 대하여도 그의 문장(紋章)에 '창을 휘두르는(shake-spear)' 사자가 그려져 있었으며 그의 별명이 spear shaker였던 것으로 보아 충분히 타당한 근거라고 주장한다.

옥스퍼드파가 내세우는 보다 구체적인 증거는 에드워드 드 비어가 읽었던 성경책이다. 그 성경책에는 1,000여 문장에 밑줄이 쳐 있거나 표식이 되어 있다. 그런데 그중 25% 정도가 셰익스피어 작품 속에 등장하는 성경 구절과 일치한다.

반면 기존 스트랫퍼드 출신의 배우가 진짜 셰익스피어가 맞다고 주장하는 스트랫퍼드파는 에드워드 드 비어가 그렇게 오랜 세월 다른 사람의 이름으로 작품 활동을 비밀리에 할 수 있었다는 사실을 인정하지 않는다. 엘리자베스 여왕을 비롯한 많은 측근의 눈을 십수 년 동안이나 속이기란 불가능했을 거라고 주장한다.

더욱 논리적인 반박은 에드워드 드 비어가 1604년에 사망했기 때문에 적어도 셰익스피어의 작품들 가운데 10여 편은 그가 사망한 이후에 쓰였다는 점이다. 이에 대해 옥스퍼드파는 실제 작품은 사망 전에 썼으나 공연된 시기가 사망 이후였을 거라고 주장한다. 이에 대해 스트랫퍼드파는 사망 이후에 쓰인 작품들 속에 담겨 있는 동시대적 언급 등을 거론하며 다시 반박한다. 이에 대한 옥스퍼드파의 반론은 나중에 공연하면서 시대적 감각을 위해 다른 사람들이 추가한 내용일 거라는 주장이다.

아직 양측 모두 상대의 주장을 압도할 증거를 제시하지 못하여 진짜 셰익스피어 논쟁은 계속되고 있다. 앞으로 이 논란이 어떻게 마무리될지는 예측할 수 없지만, 셰익스피어의 진위 논란이 계속되고 있다는 사실은 그의 작품이 지닌 위대함이나 그 속에 담긴 지식의 방대함을 보여 주는 것이기도 하다.

4대 비극에 대하여

◆ 〈햄릿〉(Hamlet)

1601년 비극 중 가장 먼저 집필된 〈햄릿〉은 삭소 그라마티쿠스(Saxo Gramaticus)의 《덴마크의 역사》와 작자 미상의 극 〈원 햄릿〉을 원전으로 쓰여진 극이다. 셰익스피어의 4대 비극 가운데서도 최고의 작품으로 손꼽히는데, 인간의 가장 보편적인 주제인 삶과 죽음의 본질을 이야기하고 있기 때문이다.

〈햄릿〉은 중세 때부터 덴마크 사람들에게 전해 내려오던 슬픈 왕자의 전설을 소재로 한 극이다. 동생에 의한 형의 살해, 그 동생과 형수의 근친상간적 결합 등 부조리한 일들이 벌어지는 세상에서 섬세한 감수성을 지닌 주인공이 아버지의 복수를 미루면서 느끼는 고뇌를 그린다.

◆ 〈오셀로〉(Othello)

1604년에 초연된 〈오셀로〉는 이탈리아의 지랄디 친디오(Giraldi Cinthio)가 쓴 《백 개의 이야기》 중 제3권 제7화 '베니스의 무어인'을 원전으로 삼아 쓴 비극이다. 베니스와 사이프러스 섬을 배경으로 무어인 장군 오셀로가 악인 이아고의 계략에 넘어가 아내의 정조를 의심하여 아내를 살해하는 이야기이다. 질투심이 의심을 키워 나가고 고귀한 이성의 소유자였던 오셀로를 광기에 몰아넣어 급기야 살인마로 만드는 과정이 그려진다.

이전까지의 비극과 달리 〈오셀로〉는 충성심 같은 공적인 문제가 아니라 개인 가정의 갈등을 다루고 있다. 오셀로가 질투심으로 인해 광기에 사로잡히는 이유는 흑인 용병인 그가 사회의 이방인이라는 점도 한몫한다.

◆ 〈리어 왕〉(King Lear)

1604년에서 1605년 사이에 처음 공연된 것으로 알려진 〈리어 왕〉은 홀린셰드의 《영국, 스코틀랜드, 아일랜드의 연대기》 중 브리튼 편에 수록된 '리어 왕의 전기'와 1594년에 상연된 작자 미상의 〈리어 왕〉을 원전으로 한 작품이다. 위선적인 딸들의 거짓 사랑을 믿고 권력과 재산을 물려준 뒤 비극적 파멸을 맞는 늙은 왕의 이야기이다. 기원전 8세기 브리튼의 전설적인 왕 리어의 이야기이지만, 극 속에서 다루고 있는 상황은 중세 봉건 귀족 사회에서 근대 자본주의 사회로 전환되는 영국의 과도기적 혼란을 보여 준다. 사회 경제적 대변혁기의 갈등과 가치관의 혼란이 잘 나타나 있다.

셰익스피어의 극 중 감정의 격렬함이나 비극성이 가장 장대한 것으로 알려진 이 극은 스타일 면에서 중심 플롯과 부차적인 플롯, 두 개의 플롯이 아주 미학적으로 구성되어 있다. 부차적인 플롯에서 리어 왕의 충신인 글로스터 백작은 리어 왕과 마찬가지로 어리석은 판단으로 서자 에드먼드의 비

열한 권모술수에 속아 적자 에드가를 내치고 온갖 수난을 당한다. 이렇게
글로스터의 이야기를 담은 부차적인 플롯은 중심 플롯인 리어 왕의 이야기
와 긴밀한 상호 관계를 맺으며 변형하고 끌어가면서 주제를 심화한다.

◆ 〈맥베스〉(Macbeth)

권력이라는 헛된 야망에 이끌린 맥베스가 왕을 죽이고 왕위를 빼앗는
과정과 그것이 초래한 비극적 파멸을 그린 이 극은 홀린셰드의 《영국, 스코
틀랜드, 아일랜드의 연대기》 중 스코틀랜드 편의 '맥베스 전기'를 원전으로
하여 1606년경에 쓴 작품이다.

제임스 1세의 처남인 덴마크 국왕 크리스천 4세가 영국을 방문했을 때
궁정에서 처음 공연되었다. 이 때문에 어떤 사람들은 이 극이 제임스 1세의
통치 이념인 왕권신수설(국왕의 권리는 신에게서 받은 절대적인 것이라는 이념)을 극화
한 것이라고 주장한다. 하지만 셰익스피어는 정치적 문제보다는 사악한 죄
악을 저지르는 인간들의 양심과 도덕적 갈등 등 심리적인 부분을 더 집중적
으로 다루고 있다. 셰익스피어의 비극 중 가장 짧고(2,082행), 내용이 대단히
빠르게 전개되며, 마녀와 유령, 예언이나 마법 같은 초자연적 요소들이 많이
등장하는 것이 특징이다.

비극 편

〈타이터스 앤드로니커스〉(*Titus Andronicus*). 1593년경.

〈로미오와 줄리엣〉(*Romeo and Juliet*). 1594년 초연.

〈줄리어스 시저〉(*Julius Caesar*). 1599년 집필.

〈트로일러스와 크레시다〉(*Troilus and Cressida*). 1602년경 집필.

〈아테네의 타이먼〉(*Timon of Athens*). 1605-8년 집필.

〈안토니와 클레오파트라〉(*Antony and Cleopatra*). 1607년 초연.

〈코리올레이너스〉(*Coriolanus*). 1607-8년경 집필.

희극 편

〈베로나의 두 신사〉(*Two Gentlemen of Verona*). 1592-3년 집필.

〈말괄량이 길들이기〉(*Taming of the Shrew*). 1592-4년 집필.

〈실수연발〉(*Comedy of Errors*). 1594년 집필.

〈한여름 밤의 꿈〉(*A Midsummer Night's Dream*). 1595년 집필.

〈베니스의 상인〉(*The Merchant of Venice*). 1596-7년 집필.

〈윈저의 즐거운 아낙네들〉(*Merry Wives of Windsor*). 1597년 집필.

〈사랑의 헛수고〉(*Love's Labour's Lost*). 1597-8년 초연.

〈헛소동〉(*Much Ado about Nothing*). 1598-9년 집필.

〈십이야〉(*Twelfth Night*). 1599-1600년 집필.

〈좋으실 대로〉(*As You Like It*). 1599-1600년 집필.

〈끝이 좋으면 다 좋아〉(*All's Well That Ends Well*). 1601-6년 집필.

〈자에는 자로〉(*Measure for Measure*). 1603-4년 집필.

〈페리클레스〉(*Pericles, Prince of Tyre*). 1608년 집필.

〈심벌린〉(*Cymbeline*). 1609-1610년 집필.

〈겨울 이야기〉(*Winter's Tale*). 1611년 집필.

〈폭풍우〉(*Tempest*). 1611년 집필.

〈고결한 두 친척〉(*The Two Noble Kinsmen*). 1613년 존 플레처와 공저.

사극 편

〈헨리 6세〉 1부, 2부, 3부(*Henry VI, Part I/Part II/Part III*). 1592년경 집필.

〈리처드 2세〉(*Richard II*). 1592년경 집필.

〈리처드 3세〉(*Richard III*). 1592-3년 집필.

〈존 왕〉(*King John*). 1598년 이전 집필.

〈헨리 4세〉 1부, 2부 (*Henry IV, Part I/Part II*). 1596-7년 집필.

〈헨리 5세〉(*Henry V*). 1599년 집필.

〈헨리 8세〉(*Henry VIII*). 1612-3년 존 플레처와 공저.

시집

《비너스와 아도니스》(*Venus and Adonis*). 1593년 출간.

《루크리스의 겁탈》(*The Rape of Lucrece*). 1594년 출간.

《소네트집》(*The Sonnets*). 1609년 출간.

1. 청교도들은 왜 연극을 반대했나요? 1장 참고

2. '시적 정의'란 무엇인가요? 셰익스피어의 작품에는 시적 정의가 있나요? 2장 참고

3. 〈로미오와 줄리엣〉이 4대 비극에 들지 못하는 이유는 무엇인가요? 3장 참고

4. 〈리처드 3세〉와 〈맥베스〉에서 독백의 기능을 두 작품의 작품성과 관련하여 각각

설명해 보세요. 4장 참고

5. 셰익스피어는 자연을 어떻게 생각했나요? 5장 참조

6. 연극의 삼일치 원칙을 설명하고, 이것을 셰익스피어의 작품과 관련하여 이야기해

보세요. 6장 참고

7. 셰익스피어는 〈줄리어스 시저〉에서 역사 속 두 영웅, 시저와 브루투스를 어떻게

묘사하고 있나요? 7장 참고

8. 소네트가 무엇인지 설명해 보세요. 또 셰익스피어가 쓴 소네트의 특징은

무엇인가요? 1장, 8장 참고

* 읽고 풀기의 PDF는 blog.naver.com/totobook9에서

다운로드 받을 수 있습니다.

1. 16세기 후반에 영국 국교회의 종교 개혁을 더욱 철저하게 실천하려고 한 청교도들은 모든 쾌락을 죄라고 보고, 사치와 성직자의 권위를 배격하였으며, 철저한 금욕주의를 주장하였다. 그래서 그들은 "극장은 쾌락을 추구하는 자들이 모여 퇴폐와 풍기 문란을 조장하는 공간이요, 부도덕을 조장하고 수습공들을 생업에서 태만하게 만드는 악의 소굴"이라고 주장하며 연극을 반대했다.

2. 사람들은 문학작품에는 착한 사람은 복을 받고, 악한 사람은 벌을 받는 권선징악이라는 시적 정의를 구현해야 한다고 믿었다. 그러나 셰익스피어의 작품에는 선악의 구별이 없고 권선징악도 없다. 오필리아, 코델리아처럼 무고한 사람이 희생되는 경우가 많다. 셰익스피어가 연극은 세상에 거울을 들이대듯이 있는 그대로 보여 줘야 한다고 생각한 탓이다.

3. 초기에 쓴 비극이라 인간에 대한 치열한 관찰이나 세밀한 묘사가 부족하고, 플롯이 너무 운명이나 우연적인 요소에 의존하여 진행된다. 〈로미오와 줄리엣〉에서는 등장인물의 성격적 결함이나 잘못된 판단력보다는 집안끼리의 갈등 때문에 비극이 발생한다.

4. 〈리처드 3세〉와 〈맥베스〉는 둘 다 왕권 찬탈과 그로 인한 파멸을 그린 극이다.

하지만 셰익스피어가 초기에 쓴 〈리처드 3세〉는 아직 인간의 심리를 파악하는

능력이 미숙하여 리처드 3세를 단순하고 평면적인 악당으로 그렸다. 반면에

맥베스는 도덕적 본성을 지탱하고자 애쓰고 양심의 가책에 시달리는 인물로

그려냈다.

리처드 3세의 독백은 관객에게 겉으로 드러난 행동과는 다른 그의 음흉하고

잔인한 속내를 보여 준다. 즉 리처드 3세의 독백은 그가 얼마나 겉과 속이 다르고

사악한지 보여 주는 장치다. 반면 맥베스의 독백은 그가 잔인한 범죄 전후에

내면으로 겪는 양심의 갈등과 두려움, 괴로움을 관객들에게 보여 준다.

5. 셰익스피어 희극에는 〈한여름 밤의 꿈〉의 아테네 숲이나 〈좋으실 대로〉의 아든

숲처럼 숲이 많이 나온다. 셰익스피어는 사람들이 모여 사는 도시는 인간들의

탐욕과 욕망이 넘쳐나는 곳이요, 각종 음모와 배신이 발생하는 장소라고 생각했다.

반면에 숲이나 바다 같은 자연은 인간들의 병든 마음과 상처를 치유해 주고

인성을 성숙시켜 주는 공간이라고 생각했다.

6. 삼일치 원칙이란 연극이 관객들에게 있을 법한 이야기로 느껴지려면 지켜야

한다고 여겼던 세 가지 원칙이다. 첫째, 극이 다루는 시간이 하루를 넘지 않아야

한다는 시간의 통일. 둘째, 한 장소에서 이루어져야 한다는 장소의 통일. 셋째,

일정한 길이의 한 사건이어야 한다는 행위의 통일이다.

그런데 셰익스피어는 이 삼일치 원칙에 얽매이지 않았다. 그래서 〈안토니와

클레오파트라〉에서는 로마 제국과 이집트를 오고 가며 사건을 전개해 장소의

일치를 깼고, 〈리어 왕〉에서는 리어 왕과 세 딸을 중심으로 하는 주된 플롯과

글로스터 백작과 아들들의 이야기인 부차적인 플롯으로 구성하여 하나의 사건만

다루어야 한다는 원칙에서 벗어났다. 또 〈겨울 이야기〉에서는 16년이라는 엄청난

시간의 공백기를 두기도 했다.

7. 셰익스피어는 전쟁 영웅으로서 남자다움과 용맹을 상징하는 줄리어스 시저를

신체와 정신이 아주 나약한 인간으로 묘사했다. 극 속에서 시저는 간질을 앓고

왼쪽 귀도 먹었을 뿐만 아니라 미신에 의존하는 인물이다. 권력에 대한 탐욕과

야망까지 지녀 로마의 자유에 위협적인 존재이고, 이미 자신을 절대 권력자로

여기는 오만한 자이다. 공적인 자리에서는 아주 대범한 척 행동하지만, 원래는 겁

많고 소심하며 점괘 등에 의존하는 나약한 인물로 그렸다.

반면 도덕적 영웅이라 할 수 있는 브루투스는 정의로운 명분과 이상에도 불구하고

정치의 현실에 부딪혀 그 한계를 드러낸다. 고결한 성품의 소유자인 브루투스는

조작된 음모에 쉽게 넘어간다. 또한, 동료들의 우려를 무시하고 안토니우스를 살려

두고 그를 장례식에서 연설하게 하는 등 잘못된 판단과 실수를 거듭한다. 이것은

그가 너무 이상주의자여서 자신이 거사를 일으킨 대의명분에 거리낌이 없고 이

세상을 정당한 명분이 통하는 곳으로 믿었기 때문이다. 세계사에서 영웅으로

칭송되는 두 인물의 약점을 부각한 이 극은 그로 인해 더욱 호소력을 지니고

공감을 자아내는 작품이 되었다.

8. 소네트란 작은 노래라는 뜻으로 15세기 이탈리아에서 유행했던 14행의 연애

시이다. 소네트 속에서 남성은 여성에게 헌신적인 사랑을 표현한다. 셰익스피어는

154편의 소네트를 썼는데 이탈리아의 소네트와는 여러 가지 면에서 다르다. 우선

셰익스피어의 소네트에서는 여자가 아니라 젊은 귀족 청년을 아름답고 고결한

찬미의 대상으로 삼았다. 또한, 단순히 사랑이라는 주제에만 매달린 것이 아니라,

삶의 필연적 과정인 노화와 죽음에 대해 통찰하고 있다. 젊음의 아름다움을 시로

읊어 찰나의 삶을 극복할 대안으로 삼을 수 있다고 주장하고, 시의 불멸성을

논하면서 시의 가치와 의의를 탐색했다.